Edition Maritim

BODO MÜLLER

Von Berlin zur Müritz

Mit Mecklenburger Kleinseenplatte

Edition Maritim

Autor und Verlag übernehmen für Irrtümer, Fehler oder Weglassungen keinerlei Gewährleistung oder Haftung. Die Pläne dienen zur Orientierung und nicht zur Navigation; sie ersetzen also keineswegs offizielle Karten.

Bibliografische Information der Deutschen Nationalbibliothek
Die Deutsche Nationalbibliothek verzeichnet diese Publikation in der Deutschen Nationalbibliografie; detaillierte bibliografische Daten sind im Internet über http://dnb.d-nb.de abrufbar.

4. Auflage
ISBN 978-3-89225-278-8

Raboisen 8, D-20095 Hamburg

Umschlag: Buchholz/Hinsch/Hensinger, Hamburg
Fotos: Bodo Müller, Travemünde
Karten: Jens Rademacher, Hamburg
Lithografie Fotos: scanlitho.teams GmbH, Bielefeld
Druck und Bindearbeiten: Himmer AG, Augsburg

Printed in Germany 2007

Vertrieb: Delius Klasing Verlag, Siekerwall 21, 33602 Bielefeld
Tel.: 0521/559-0, Fax: 0521/559-115
E-Mail: info@delius-klasing.de
www.delius-klasing.de

Inhalt

Vorwort

Unweit von Berlin liegt eines der schönsten Binnenreviere in Mitteleuropa: die Mecklenburger Seenplatte. Allein die Reise von Berlin zum größten See Deutschlands, die Müritz, ist einen Urlaub wert. Denn sie führt durch eine Kette einzigartig schöner Kanäle, Flüsse und Seen.

Herzstück dieses Wasserstraßensystems sind die so genannten Mecklenburger Kleinseen, die sich von Fürstenberg bis zum südlichen Teil der Müritz ausdehnen. In diesem Labyrinth von Seen, die durch Flussläufe und kleine Kanäle vernetzt sind, finden Wasserwanderer ein paradiesisches Revier inmitten teilweise noch kaum berührter Natur.

Der vorliegende Band beschreibt die Binnenwasserstraßen von Berlin zur Müritz, inklusive aller schiffbaren Nebengewässer. Der Törn beginnt an der Schleuse Spandau in Berlin und führt über die Havel-Oder-Wasserstraße (Oder-Havel-Kanal) bis nach Liebenwalde. Von dort fahren wir auf der Oberen Havel-Wasserstraße über Fürstenberg und Priepert bis Neustrelitz und schließlich auf der Müritz-Havel-Wasserstraße durch die Mecklenburger Kleinseen bis zur Müritz. Die seitlich abzweigenden Gewässer in Richtung Neuruppin, Templin, Wentow, Lychen und Rheinsberg werden – soweit sie schiffbar sind – mit beschrieben.

Der direkte Weg von Berlin-Spandau bis zur Südspitze der Müritz ist 147,8 km lang und kann im Durchgangsverkehr in etwa drei bis vier Tagen bewältigt werden. Das gesamte Wasserstraßensystem inklusive aller schiffbaren Nebengewässer umfasst mehr als 300 km. Wer es während eines erholsamen Urlaubstörns kennen lernen und genießen möchte, sollte dafür mindestens zwei Wochen einplanen.

Der vorliegende nautische Reiseführer mit seiner Fülle an aktuellen Informationen und Insider-Tipps möge dabei ein nützlicher Wegbegleiter sein.

Bodo Müller, im März 2007
www.bodo-mueller.de

Von Berlin zur Müritz

Wer von Berlin zur Müritz fährt, muss zwei Schifffahrtsstraßen teilweise und eine ganz passieren:

1. Die Havel-Oder-Wasserstraße (HOW): Sie führt von Berlin-Spandau zur Oder (Großschifffahrtsweg nach Stettin). Wir benutzen sie bis Höhe Liebenwalde (km 40,5) und biegen dort nach Norden in die Obere Havel-Wasserstraße ein.
2. Die Obere Havel-Wasserstraße (OHW): Sie führt von Liebenwalde (km 0,0) nach Norden und endet in Neustrelitz (km 94,4). Wir benutzen sie bis Priepert (km 75,5), wo nach Westen die Müritz-Havel-Wasserstraße in Richtung Müritz abzweigt.
3. Die Müritz-Havel-Wasserstraße (MHW): Sie beginnt in Priepert (km 0,0) und mündet bei Vipperow (km 31,8) in die Kleine Müritz.

Fließrichtung, Kilometrierung, Uferbezeichnung

Unser Reiseziel, die Müritz, liegt etwa 30 Meter höher als der Wasserspiegel des Tegeler Sees in Berlin. Das heißt, unsere Reise von Berlin in Richtung Mecklenburg führt auf allen Teilstrecken immer bergauf. Die gleichen Bedingungen herrschen, wenn wir ein seitlich abzweigendes Nebengewässer hinauf fahren.

Eine Ausnahme bilden dabei lediglich die Rheinsberger Gewässer. Sie fließen nicht zum Hauptfahrwasser hin (Müritz-Havel-Wasserstraße), sondern von diesem ab. Dieser Abfluss ist der (hier nicht schiffbare!) Rhin, der in die Ruppiner Gewässer mündet.

Die Strömungsgeschwindigkeit aller schiffbaren Gewässer beträgt aufgrund der Staustufen stets weniger als 0,5 km/h. Daher besteht in der Reisezeit nahezu kein Unterschied, ob wir auf Bergfahrt oder Talfahrt sind.

Die Kilometrierung der drei von uns befahrenen Wasserstraßen erfolgt immer entgegengesetzt der Fließrichtung, also in Fahrtrichtung von Berlin nach Mecklenburg. Das gilt auch für die seitlich abzweigenden Nebengewässer. Eine Ausnahme bilden hier wieder die Rheinsberger Gewässer, die in Fließrichtung kilometriert sind.

Die Bezeichnung der Ufer (rechtes Ufer/linkes

Wasserstaße	Tiefgang	Durchfahrtshöhe	Schleusen
Havel-Oder-Wasserstraße (HOW)	1,90 m	4,26 m	2
Obere Havel-Wasserstraße (OHW)	1,40 m, außer auf der Quassower Havel (zwischen Woblitzsee und Großer Labussee) ca. 0,90 m	3,42 m (Eisenbahnbrücke Neustrelitz)	11
Müritz-Havel-Wasserstraße (MHW)	1,40 m	3,89 m	4

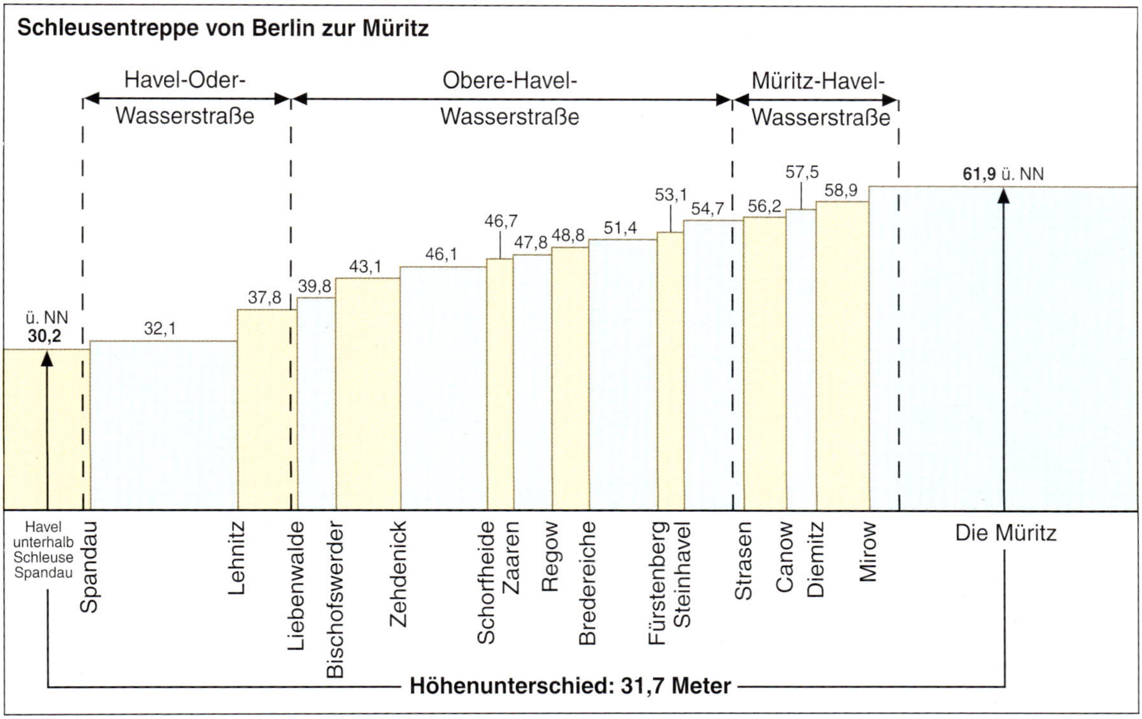

Die Schleusentreppe von Berlin zur Müritz überwindet einen Höhenunterschied von 31,7 m.

Ufer) erfolgt dagegen von der Quelle zur Mündung. In unserem Fall bedeutet das, dass das rechte Ufer der Oberen Havel-Wasserstraße in Fahrtrichtung links liegt, wenn wir von Berlin nach Mecklenburg reisen.

Schleusen/Schleusenzeiten

Auf den drei Teilstrecken des Schifffahrtsweges von Berlin zur Müritz gelten folgende Schleusenzeiten:

Havel-Oder-Wasserstraße (HOW)

- Schleuse Spandau: 1. April bis 31. Oktober: Mo–Sa von 6–22 Uhr, So von 7–22 Uhr; 1. November bis 31. März: Mo–Sa von 6–20 Uhr, So von 7–19 Uhr.
- Schleuse Lehnitz: Mo–Sa von 6–22 Uhr, So von 7–22 Uhr.

Obere Havel-Wasserstraße (OHW)

- Schleusen unterhalb km 24,8 (Schleusen Liebenwalde, Bischofswerder und Zehdenick): vom 1.4. bis 30.9. täglich 7–20 Uhr, vom 1.10. bis 30.11. täglich 8–18 Uhr, vom 1.12. bis 31.3. täglich 8–16 Uhr.
- Schleusen oberhalb km 24,8 (Schleusen Schorfheide bis Voßwinkel): vom 1.4. bis 30.9. täglich 7–20 Uhr, vom 1.10. bis 30.11. täglich 8–16 Uhr, vom 1.12. bis 31.3. kein Betrieb. Ausnahmen können auf Antrag vom Wasser- und Schifffahrtsamt Eberswalde (Tel. 03334–27 60) genehmigt werden.

Achtung: Die beiden höchsten Schleusen (We-

Die Schleuse Canow an der Müritz-Havel-Wasserstraße

senberg bzw. Voßwinkel) schleusen bei lang anhaltender Trockenheit nur alle zwei Stunden, dann auch nur bis 19 Uhr!

Müritz-Havel-Wasserstraße (MHW)

- Alle Schleusen: vom 1. 4. bis 30. 9. täglich 7–20 Uhr, vom 1. 10. bis 30. 11. täglich 8–16 Uhr, vom 1. 12. bis 31. 3. kein Betrieb. Ausnahmen können auf Antrag vom Wasser- und Schifffahrtsamt Eberswalde genehmigt werden.

Wenn die Schleusenzeiten der abzweigenden Nebengewässer davon abweichen, ist dies in der Beschreibung der entsprechenden Gewässer vermerkt. Sämtliche Schleusungen auf den voran genannten Wasserstraßen sind für Sportboote gebührenfrei.

Verkehrsvorschriften

Auf allen Wasserstraßen von Berlin zur Müritz sowie auf den Mecklenburger Seen gilt die Binnenschifffahrtsstraßen-Ordnung (BinSchStrO). Die Schifffahrtszeichen sowie die Tag- und Nachtbezeichnungen werden als bekannt vorausgesetzt.

Wichtig zu wissen, dass an allen Schleusen der Berufsschifffahrt der Vorrang zu gewähren ist. An den meisten Schleusen existieren Lichtsignalanlagen zur Verkehrsregelung, sonst ist den Weisungen des Personals zu folgen.

Auf den in diesem Buch dargestellten Binnenwasserstraßen dürfen von Sportbooten mit Motorantrieb folgende Höchstgeschwindigkeiten gefahren werden:

Auf Flüssen und Kanälen beträgt die Höchstgeschwindigkeit 9 km/h. Auf Seen und seeartigen Erweiterungen (Gewässerbreite mehr als 250 m) dürfen Sportboote mit Motorantrieb

- 12 km/h innerhalb des ufernahen Schutzstreifens und
- 25 km/h außerhalb des ufernahen Schutzstreifens fahren.

Als ufernaher Schutzstreifen gilt eine 100 m breite, parallel zum Ufer verlaufende Wasserfläche.
Davon abweichend gelten auf der Havel-Oder-Wasserstraße folgende Höchstgeschwindigkeiten: von km 0,58 (Schleuse Spandau) bis km 10,2 (Abzweig Havelkanal): 12 km/h; auf allen anderen Abschnitten: 9 km/h.
Abweichungen von der zulässigen Höchstgeschwindigkeit sind durch Schilder am Ufer gekennzeichnet.

Segelverbot

Auf den Bundeswasserstraßen in den Ländern Berlin, Brandenburg und Mecklenburg-Vorpommern ist auf Kanälen das Segeln verboten. Als Kanal in diesem Sinne gilt auch die Havel-Oder-Wasserstraße im Bereich der Spandauer Zitadelle (km 0,0 bis km 1,0).

Wichtige Adressen

Wasser- und Schifffahrtsdirektion Ost
Gerhart-Hauptmann-Str. 16
39108 Magdeburg
Tel. 0391-28870, Fax 0391-28873030
E-Mail: poststelle@wsd-o.wsv.de
Internet: www.wsd-ost.wsv.de

Wasser- und Schifffahrtsamt Berlin
Mehringdamm 129
10965 Berlin
Tel. 030-695320; Fax 030-69532201
E-Mail: post@wsa-b.wsv.de
Internet: www.wsa-berlin.wsv.de

Wasser- und Schifffahrtsamt Eberswalde
Schneidemühlenweg 21
16225 Eberswalde
Tel. 03334-2760; Fax 03334-276171
E-Mail: poststelle@wsa-ebw.wsv.de
Internet: www.wsa-eberswalde.de

Wasser- und Schifffahrtsamt Lauenburg
Dornhorster Weg 52
21481 Lauenburg
Tel. 04153-5580; Fax 04153-558448
E-Mail: poststelle@wsa-lauenburg.wsv.de
Internet: www.wsa-lauenburg.de

Kennzeichnung von Sportbooten

Es gilt die „Verordnung über die Kennzeichnung von auf Binnenschifffahrtsstraßen verkehrenden Kleinfahrzeugen“ (Kleinfahrzeug-Kennzeichnungsverordnung Binnen vom 21. Februar 1995, BGBl I, Seite 226).
Demnach müssen alle Kleinfahrzeuge (Boote unter 20 m Länge) mit Antriebsmaschine von mehr als 2,21 kW (3 PS) sowie alle Wasserfahrzeuge über 5,50 m Länge, die nur unter Segel fortbewegt werden können, auf Binnenschifffahrtsstraßen ein amtliches oder amtlich anerkanntes Kennzeichen führen.
Die in einem der nachfolgend genannten Dokumente eingetragene Nummer mit Kennbuchstaben muss in mindestens 10 cm großen lateinischen Ziffern/Buchstaben deutlich lesbar am Bootsrumpf angebracht werden – entweder außen an beiden Seiten des Bugs oder am Heck.

Amtliche Dokumente im Sinne der Kennzeichnungsverordnung Binnen sind

- „der Ausweis über das Kleinfahrzeugkennzeichen“; er wird von allen deutschen Wasser- und Schifffahrtsämtern ausgegeben;
- der „Schiffsbrief“; dieses Dokument erhalten nur Boote, die in einem Binnenschiffsregister eingetragen sind. Binnenschiffsregister werden bei Amtsgerichten geführt;
- das „Schiffszertifikat“; dieses Dokument erhalten nur Boote, die im Seeschiffsregister eingetragen sind. Seeschiffsregister werden bei Amtsgrichten geführt;
- das „Flaggenzertifikat“; dieses Dokument wird vom Bundesamt für Seeschifffahrt und Hydrographie ausgegeben.

Ein amtlich anerkanntes Dokument ist:

- der „Internationale Bootsschein“ (IBS). Er wird entweder vom Deutschen Motoryachtverband (DMYV), vom Deutschen Segler-Verband (DSV) oder vom Allgemeinen Deutschen Automobilclub (ADAC) ausgegeben.

Bootsführerscheine

Sportbootführerschein Binnen

1. Auf allen Binnenwasserstraßen des Bundes besteht für Sportboote mit Antriebsmaschine eine Fahrerlaubnispflicht (Führerscheinpflicht), wenn deren größte Nutzleistung mehr als 3,68 kW (5 PS) beträgt.
   Der Sportbootführerschein-Binnen beinhaltet die Berechtigung zum Führen von Sportfahrzeugen mit Antriebsmaschine mit einer Länge < 15 m. Vor dem 1.1.1998 erworbene Sportbootführerscheine-Binnen berechtigen auch zum Führen von Sportbooten mit einer Länge bis zu 25 m, sofern die Wasserverdrängung < 15 m³ beträgt (Besitzstandswahrung).
2. Für Sportfahrzeuge unter Segel (einschließlich Segelsurfbretter), deren Segelfläche mehr als 3 m² beträgt, ist auf den Binnenschifffahrtsstraßen des Bundes im Bereich des Landes Berlin (außer Zeuthener See und Dämeritzsee) eine Fahrerlaubnis (Sportbootführerschein-Binnen unter Segel/als Segelsurfbrett) erforderlich. Diese Fahrerlaubnispflicht gilt auch auf den im Land Brandenburg gelegenen Teilen der Havel-Oder-Wasserstraße von km 6,4 bis km 10,2 einschließlich Nieder Neuendorfer See.

Sportschifferzeugnis

Für das Führen von Sportfahrzeugen mit Antriebsmaschine mit einer Länge von 15 m bis weniger als 25 m ist auf allen Binnenschifffahrtsstraßen des Bundes ein Sportschifferzeugnis nach der Binnenschifferpatentverordnung erforderlich.
Vor dem 1.1.1998 erworbene Sportschifferzeugnisse berechtigen auch zum Führen von Sportfahrzeugen bis 60 m³ Wasserverdrängung (Besitzstandswahrung).

Sportbootführerscheine der ehemaligen DDR

Nach Bestimmungen des Einigungsvertrages gelten die nach Vorschriften der ehemaligen DDR erteilten Befähigungszeugnisse für Sportboote uneingeschränkt als Sportbootführerscheine im Sinne der Sportbootführerscheinverordnung-Binnen. Ein Umtausch dieser Befähigungszeugnisse ist nicht erforderlich.

Charterbescheinigung

Ab 1. Mai 2004 können Charterboote bis 15 m Länge mit bis zu 12 Personen an Bord, deren Höchstgeschwindigkeit auf 12 km/h begrenzt ist, mit der Charterbescheinigung in festgeleg-

Obere Havel-Wasserstraße: Bootshaus Bredereiche bei km 48,5 südlich von Fürstenberg (o.); malerische Liegeplätze im Schlossgraben Mirow (u.).

Marina Buchholz am Müritzsee

ten Gewässern gefahren werden. Voraussetzung für diese Charterbescheinigung, die vom Charterunternehmen ausgegeben wird, ist die erfolgreiche Teilnahme an einer mindestens dreistündigen praktischen und theoretischen Einweisung durch das Charterunternehmen. Die Charterbescheinigung gilt u. a. für die in diesem Buch beschriebenen Gewässer bzw. -abschnitte:
Müritz-Elde-Wasserstraße von Schleuse Dömitz (km 0,95) bis Buchholz (km 180,0). Für die Müritz gelten Beschänkungen wie: Durchfahrt nur in der bezeichneten Fahrrinne, Fahrverbot ab Windstärke Beaufort 4, alle Personen müssen Rettungswesten tragen etc.;
Müritz-Havel-Wasserstraße von km 0,0 bis km 31,8 mit Haupt- und Nebenstrecken;
Obere Havel-Wasserstraße von Schleuse Zehdenick (km 15,9) bis Hafen Neustrelitz (km 94,4) mit den zu diesem Abschnitt gehörenden Haupt- und Nebenstrecken. Auf der Oberen Havel-Wasserstraße kann zunächst zeitlich begrenzt bis 30. April 2007 über die Schleuse Zehdenick hinaus bis zur Schleuse Liebenwalde (km 43,96) gefahren werden.

Verkehrsbeschränkung in Berlin und Brandenburg

Nachtfahrverbot

Auf folgenden Gewässern (Seen und seeartigen Erweiterungen) besteht für Sportfahrzeuge mit in Betrieb gesetztem Verbrennungsmotor in der Zeit von 22 bis 5 Uhr ein Fahrverbot:

- Kleiner Müggelsee,
- Die Bänke,
- Große Krampe,
- Kalksee,
- Zernsdorfer Lanke,

Fischer auf der Müritz

- Scharfe Lanke,
- Sacrower Lanke,
- Petziensee,
- Glindowsee,
- Lehnitzsee,
- Krampnitzsee,
- Tegeler See,
- Nordteil des Nieder Neuendorfer Sees ab km 10,0,
- Werbellinsee.

Griebnitzkanal

Auf dem Griebnitzkanal zwischen dem Teltowkanal (km 0,35) und dem Stölpchensee (km 0,95) ist

- die Fahrt zu Tal nur zu jeder vollen Stunde bis längstens 20 Minuten nach jeder vollen Stunde,
- die Fahrt zu Berg nur zu jeder halben Stunde bis längstens 20 Minuten nach jeder halben Stunde erlaubt.

Diese Regelung gilt nicht für Kleinfahrzeuge mit einer Breite von nicht mehr als 2,00 m.

Als Bergfahrt gilt die Fahrt in Richtung Großer Wannsee.

Großer Müggelsee

Auf dem Großen Müggelsee dürfen Sportfahrzeuge mit in Betrieb gesetztem Verbrennungsmotor die gekennzeichnete Fahrrinne nicht verlassen. Sportfahrzeuge, die ihren ständigen Liegeplatz am Ufer des Sees haben, dürfen diesen auf kürzestem Weg zur bezeichneten Fahrrinne verlassen oder aufsuchen.

Tegeler See

Auf dem Tegeler See (Havel-Oder-Wasserstraße) dürfen Fahrzeuge und Verbände mit Maschinenantrieb, mit Ausnahme von Fahrzeugen des öffentlichen Fährverkehrs, die Wasserfläche zwischen den Inseln

- Marienwerder und Valentinswerder,
- Valentinswerder und Baumwerder,
- sowie der Insel Reiswerder und dem Ostufer des Tegeler Sees nicht befahren.

Natur- und Umweltschutz

Die Wasserstraße von Berlin zur Müritz führt durch die Mecklenburger Kleinseenplatte. Als solche bezeichnet man die stark von Kanälen, Flüssen und Seen geprägte Landschaft, die sich in Ost-West-Richtung von Lychen bis zur Müritz und in Nord-Süd-Richtung von Neustrelitz bis Rheinsberg ausdehnt. Die Mecklenburger Kleinseenplatte stellt ein in Europa einzigartiges Naturparadies dar. Das Land hat eine geringe Bevölkerungsdichte und keine nennenswerte Industrie, die Unberührtheit weiter Landstriche ist nahezu atemberaubend.

Aufgrund der wirtschaftlichen Unterentwicklung hat sich in Mecklenburg eine Tierwelt erhalten, wie man sie in ihrer Artenvielfalt in Mitteleuropa nur noch selten findet. Das gilt vor allem für die Wasservögel, die in den buchten- und inselreichen Seen, in dicht bewachsenen Uferzonen, Sümpfen und Feuchtwiesen ideale Nist- und Nahrungsplätze finden. So brüten im Gebiet der Mecklenburger Kleinseen alle mitteleuropäischen Entenarten wie Stockente, Schellente, Tafelente, Schnatterente, Reiherente, Kolbenente und Moorente. Selbst die vielerorts in Westeuropa längst abgewanderten Kormorane haben hier noch Brutkolonien mit mehreren hundert Vögeln. Man kann sie vom Boot aus nächster Nähe beobachten, wenn sie auf den Stangen von Stellnetzen hocken und ihr Gefieder im Wind trocknen lassen. Seltenere Wasservögel wie Haubentaucher oder Blessralle sind hier noch so häufig, dass man sie ohne Mühe vom Boot aus entdecken kann.

Gänse und Schwäne haben sich derart vermehrt, dass man sie überall findet. Gleiches gilt für die Lachmöwen, die in großen Kolonien auf kleinen Inseln brüten. Der Appell an alle Wassersportler, möglichst keine neuen Schneisen ins Schilf zu fahren, soll vor allem zur Erhaltung des Lebensraumes von Graureiher, Schwirl, Rohrsänger, Rohrdommel, Rohrweihe, Wasserralle und Sumpfhuhn dienen. Schon bei Annäherung eines Wasserfahrzeuges, Lärm, Motorengeräusch oder Wellenschlag ergreifen sie frühzeitig die Flucht.

Noch sensibler auf Eindringlinge reagieren die Greifvögel. Von dieser Gattung leben in dem beschriebenen Gebiet noch ausgesprochen seltene Arten, die anderswo längst ausgestorben bzw. nur noch in Tiergehegen zu sehen sind. Es sind der Schreiadler, der Fischadler und der Seeadler. Bitte vermeiden Sie es, in die Lebensräume dieser seltenen Vögel einzudringen. Und schon gar nicht sollte man – wie leider oft geschehen – die bekannten Adlerhorste mit der Videokamera belauern!

Nicht ganz so populär wie die Wasservögel sind etliche andere Tierarten, die allein in Mecklenburg noch in freier Wildbahn anzutreffen sind. Das gilt vor allem für Biber und Fischotter. Diese akut vom Aussterben bedrohten Tiere haben in der Abgeschiedenheit der Seenlandschaft in freier Wildbahn überleben können. Wenn Sie sich in langsamer (!) Fahrt durch die Kanäle bewegen, werden Sie mehrere Biberburgen und mit etwas Glück auch die seltenen Tiere sehen. Bei aller Freude am Entdecken und Fotografieren sollten Sie immer eine angemessene Distanz zu den Tieren und deren Behausungen wahren.

Es liegt nicht zuletzt auch an den Wassersportlern, eines der letzten Paradiese in Europa zu schützen und zu erhalten. Vermeiden Sie es, die Gewässer und Uferzonen durch Müll oder Abwässer zu verunreinigen – auch dann, wenn mancherorts keine Möglichkeiten zu einer umweltgerechten Entsorgung bestehen. Befahren Sie niemals die dicht mit Seerosen, Lilien und Schilf bewachsenen Flachwasserbereiche. Das gilt auch für den nächtlichen Ankerplatz.

Anleger des Restaurants „Seglerheim" in Röbel/Müritz (o.); die Müritz Marina Kamerun bei Waren (u.).

Angeln

Die Gewässer in Mecklenburg-Vorpommern sind außerordentlich fischreich. Wie überall in Deutschland ist auch in diesem Revier für den Fischfang der Fischereischein vorgeschrieben. Man erwirbt ihn üblicherweise an seinem Wohnsitz. In Mecklenburg-Vorpommern kann man für 20 Euro einen Urlaubsfischereischein erwerben, der vier Wochen lang gilt.
Zusätzlich zum Fischereischein ist am Urlaubsort ein sogenannter Erlaubnisschein (Angelkarte) vorgeschrieben. Die Angelkarte gilt für eine bestimmte Region sowie für bestimmte Fischarten und -mengen. Diese Angelkarten werden vor Ort in Fachgeschäften für Angelbedarf, in Angelvereinen, bei Fischern und in Fischereigenossenschaften verkauft.
Die Preise sind regional unterschiedlich; eine Tageskarte kostet zwischen 5 und 10 Euro, eine Wochenkarte zwischen 20 und 40 Euro.

Liegeplätze/Service

An den Wasserstraßen von Berlin zur Müritz entstand in den Jahren nach der Wiedervereinigung eine Vielzahl kleiner und meist idyllischer Liegemöglichkeiten – vom einfachen Wasserwander-Rastplatz über Anleger an Gasthäusern bis hin zu neuen Vereinshäfen und Marinas.
Der allgemein übliche Service (Strom, Wasser, sanitäre Einrichtungen) ist in den Vereinshäfen und Marinas im gewohnten Standard vorhanden. Man beachte, dass die einfachen Steganlagen von Campingplätzen meist nur für flachgehende Boote und nicht für größere Yachten geeignet sind.
Daneben findet man an der Wasserstraße reichlich Liegemöglichkeiten in Ankerbuchten. Dies gilt vor allem für das Gebiet der oberen Havel und der Kleinseen.

Tankstellen

Folgende Bootstankstellen liegen an den Wasserstraßen von Berlin zur Müritz. Die angegebenen Öffnungszeiten gelten für die Hauptsaison, die jedoch jede Tankstelle für sich selbst definiert. Im Zweifelsfall vorher anrufen!

Havel–Oder–Wasserstraße

- km 1,50 RU (oberh. Schleuse Spandau, gegenüber der Insel Eiswerder): Tankstelle Müritzsee (Diesel), Tel. 030-3366025 oder 0177-2033968; Mo–Fr 8–17 Uhr, Sa und So nach Absprache.
- km 18,30 RU (Hohen Neuendorf): Tankstelle Havelbaude (Diesel), Tel. 03303-500239; Mo–Fr 10–18 Uhr.

Obere Havel-Wasserstraße

- km 16,30 (Zehdenick): Tankstelle Marina Zehdenick (Diesel, Benzin), Tel. 03307–31 0357 oder 0173-4179456; Mo–So 8–20 Uhr bzw. nach Absprache.
- km 16,40 (Zehdenick): Tyczka Klienitz Wasserfreizeit (nur Gas), Tel. 03307-3029528, täglich 8–20 Uhr.
- km 94,0 (Nordufer Zierker See): Tankstelle Marina Neustrelitz, Santana Yachting (Diesel, Benzin im Kanister), Tel. 03981-205896; täglich 8–20 Uhr.

Müritz-Havel-Wasserstraße

- am Rheinsberger Gewässer km 7,50 RU (unterhalb der Schleuse Wolfsbruch): Tankstelle Marina Wolfsbruch (Diesel, Benzin), Tel. 033921-88711 oder 0172-9372029; Mo–So 9–18 Uhr.

Müritz

- Ferienanlage Yachthafen Rechlin (Diesel, Benzin), Tel. 039823-20520; täglich 9–19 Uhr.

Geruhsames Fahren auf der Kleinen Müritz

- Marina Müritz Rechlin (Diesel), Tel. 039823-26688; Mo–Sa 8–20 Uhr, So nach Absprache.
- Feriendorf Bolter Kanal, Ostufer Müritz (nur Gas), Tel. 0171-6822449; nach Absprache.
- Röbel: Wasser-Service-Center Röbel (Diesel, Super), Tel. 039931-51 123 oder 0171-41 45 852; Mo–So 9–20 Uhr.
- Stadthafen Waren (Diesel, Benzin), Tel. 03991-666754 oder 0172-64 26 918; Mo–So 8–12 und 13–19 Uhr bzw. nach Absprache.

Literaturhinweise

Deutsche Binnenwasserstraßen Band 4, Von der Elbe zur Oder, Mit Potsdamer und Berliner Gewässern, Hamburg

Bodo Müller, Gewässerkarte Deutschland Nordost: Elbe–Oder; mit Berlin und Mecklenburgischen Gewässern, Hamburg.

Bodo Müller, Gewässerkarte Müritz, Hamburg.

Bodo Müller, Von der Elbe zur Müritz, Hamburg.

Jürgen Straßburger, Gewässerkarte Berlin; Potsdam–Scharmützelsee, mit Havel, Spree und Kanälen, Hamburg.

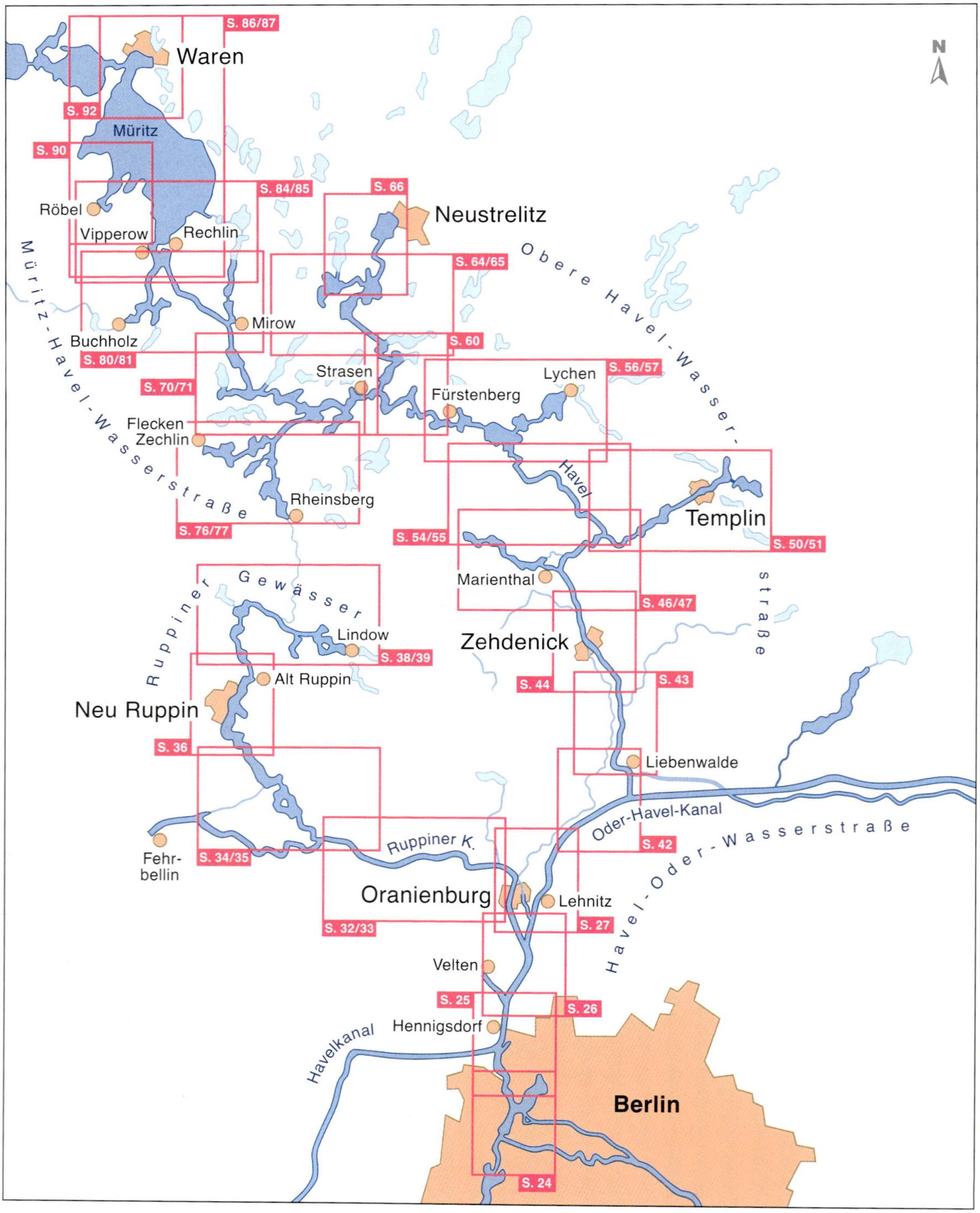
N
Waren
S. 86/87
S. 92
Müritz
S. 90
S. 84/85
Röbel
Vipperow
Rechlin
S. 66
Neustrelitz
S. 64/65
Obere Havel-Wasserstraße
Müritz-Havel-Wasserstraße
Mirow
Buchholz
S. 80/81
S. 60
S. 70/71
Strasen
Lychen
S. 56/57
Fürstenberg
Flecken Zechlin
Havel
Rheinsberg
S. 76/77
S. 54/55
Templin
S. 50/51
Marienthal
S. 46/47
Ruppiner Gewässer
Lindow
S. 38/39
Zehdenick
Alt Ruppin
S. 44
S. 43
Neu Ruppin
S. 36
Liebenwalde
Oder-Havel-Kanal
Havel-Oder-Wasserstraße
S. 42
Ruppiner K.
Fehrbellin
S. 34/35
Oranienburg
Lehnitz
S. 32/33
S. 27
Velten
S. 25
S. 26
Havelkanal
Hennigsdorf
Berlin
S. 24

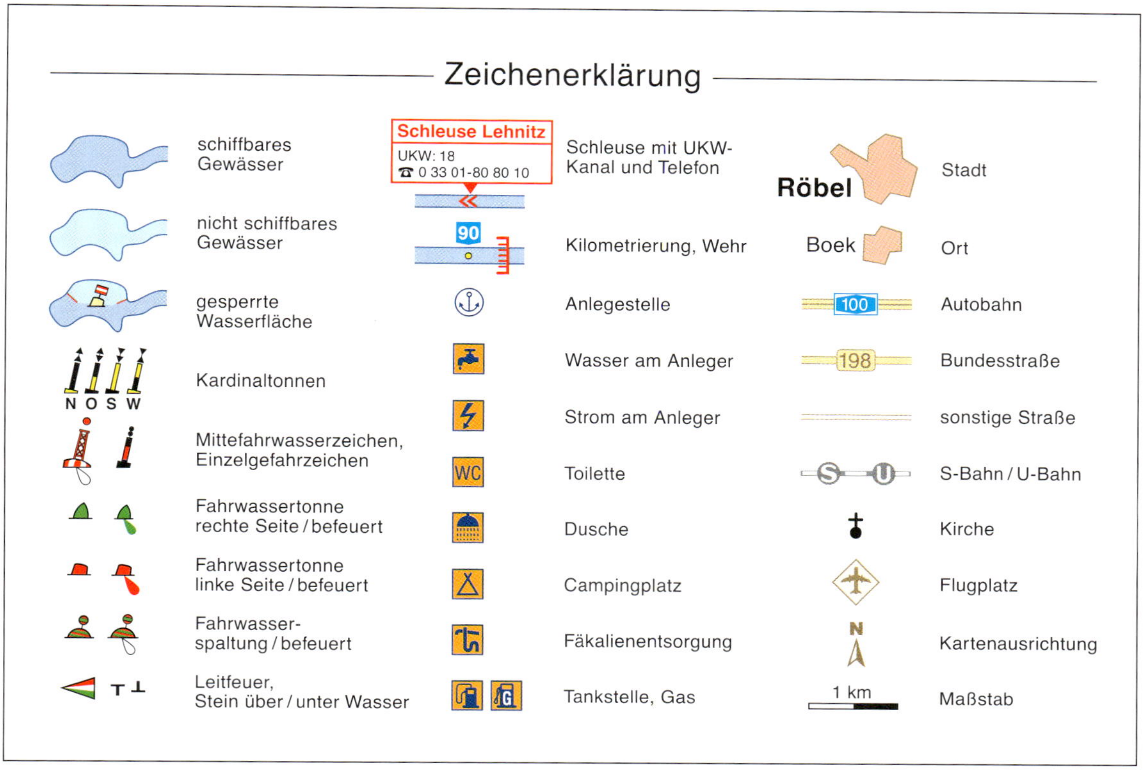

Abendstimmung an den Liegeplätzen des Seglervereins Rechlin

Die Havel-Oder-Wasserstraße (HOW)

Von Berlin-Spandau bis Liebenwalde

Geschichte

Die in Berlin-Spandau beginnende Havel-Oder-Wasserstraße (auch genannt Oder-Havel-Kanal bzw. Großschifffahrtsweg Berlin – Stettin) ist die kürzeste Verbindung von Berlin zur Oder und damit zur Ostsee. Wir befahren diese künstliche Wasserstraße nur bis zum km 40,5 und biegen dort nach Norden in die Obere Havel-Wasserstraße ein, die nach Mecklenburg führt.
Bereits im Mittelalter suchten die Berliner Kaufleute nach einem direkten Schifffahrtsweg von der Havel bei Berlin zur (nur etwa 80 km entfernten) Oder. Doch aufgrund des Höhenunterschiedes von rund 36 Metern zwischen beiden Flüssen war dies damals nicht realisierbar. Erst mit der Erfindung der Kammerschleuse im 16. Jahrhundert war es möglich geworden, Havel und Oder zu verbinden.
Kurfürst Joachim Friedrich von Brandenburg erteilte 1603 die Anweisung, einen Kanal von der Havel zur Oder zu graben, wobei teilweise das alte Flussbett der Finow genutzt werden sollte. 1605 erfolgte der erste Spatenstich, und nach 15 Jahren Bauzeit war der erste Schifffahrtskanal mit elf Schleusen zur Oder fertig.
Doch im 30jährigen Krieg verfiel die Anlage so sehr, dass die Finow danach wieder wie zuvor unreguliert zur Oder floss.
Erst Friedrich II. verschaffte seiner Residenzstadt wieder einen Zugang zum Meer und machte den Finow-Kanal erneut schiffbar. 1746 segelte der erste mit Salz beladene Kahn von der Havel zur Oder.
Die Leistungsgrenze des am meisten befahrenen Kanals in Deutschland war an der Schwelle zum 20. Jahrhundert erreicht. Die Schleusen arbeiteten damals rund um die Uhr. Damit die Verbindung Berlin – Stettin gegenüber Hamburg wettbewerbsfähig blieb, musste eine Großschifffahrtsstraße her.
Am 14. Juni 1914 wurde der begradigte Oder-Havel-Kanal in seiner heutigen Linienführung für den Verkehr freigegeben. Der Abstieg zur 36 m tiefer gelegenen Oder erfolgte durch eine vierstufige Schleusentreppe. Weil diese Schleusentreppe schon bald den Anforderungen der stark angestiegenen Binnenschifffahrt nicht mehr genügte, wurde wenige Jahre später mit dem Bau eines Schiffshebewerkes bei Niederfinow begonnen. Am 21. März 1934 wurde es als damals größtes Schiffshebewerk der Welt in Betrieb genommen.

Fahrhinweise

Entfernung Spandau bis Liebenwalde: 40,5 km.
Maximaler Tiefgang: 1,90 m.
Niedrigste Brückendurchfahrt: 4,26 m.
Schleusenzeiten: Berlin-Spandau:
1. April bis 31. Oktober: Mo–Sa 6–22 Uhr, So 7–22 Uhr; 1. November bis 31. März: Mo–Sa 6–20 Uhr, So 7–19 Uhr.
Lehnitz: Mo–Sa 6–22 Uhr; So 7–22 Uhr.
Höchstgeschwindigkeit für Sportboote mit Maschinenantrieb:
9 km/h, aber von km 0,58 (Schleuse Spandau) bis km 10,4 (Abzweig Havelkanal) 12 km/h.
Segelverbot: Sofern sich die Havel-Oder-Was-

Tegeler See: Im Hintergrund die Tegeler Hafenbrücke

serstraße nicht seeartig verbreitert (wie in Berlin bzw. Oranienburg), besteht ein generelles Segelverbot.
Segelverbot besteht auch im Bereich der Spandauer Zitadelle (km 0,0 bis km 1,0).

Ausflugstipps

An dieser Stelle auf die Sehenswürdigkeiten in Berlin einzugehen, würde sicher den Rahmen des Buches sprengen. Es werden darum vornehmlich solche Orte genannt, die an der Wasserstraße von Berlin zur Müritz liegen.
Sobald wir Berlin im Norden über den Niederneuendorfer See verlassen, lohnt es sich, etwa 0,6 km in den Havelkanal einzulaufen und im Yachtzentrum Nordwest festzumachen. Die neue Wohnanlage am Wasser erinnert an die Niederlande. Es gibt reichlich Versorgungsmöglichkeiten und Gastronomie.
Den nächsten Liegeplatz in grüner Idylle finden wir bei km 16,4 RU vor dem Gasthaus „Zum Weißen Schwan" in Hohenschöpping.
Oranienburg liegt am Westufer des Lehnitzsees und bietet gute Einkaufsmöglichkeiten. Man sollte sich spätestens hier mit Proviant bevorraten, denn bis zum Abzweig in die Obere Havel-Wasserstraße gibt es keine günstige Einkaufsmöglichkeit mehr.
Ein sehr empfehlenswerter Liegeplatz am Westufer des Lehnitzsees befindet sich vor dem Bootshaus Dietrich mit Café am See.
Am Ostufer des Lehnitzsees laden herrliche Ankerbuchten zum Übernachten ein.

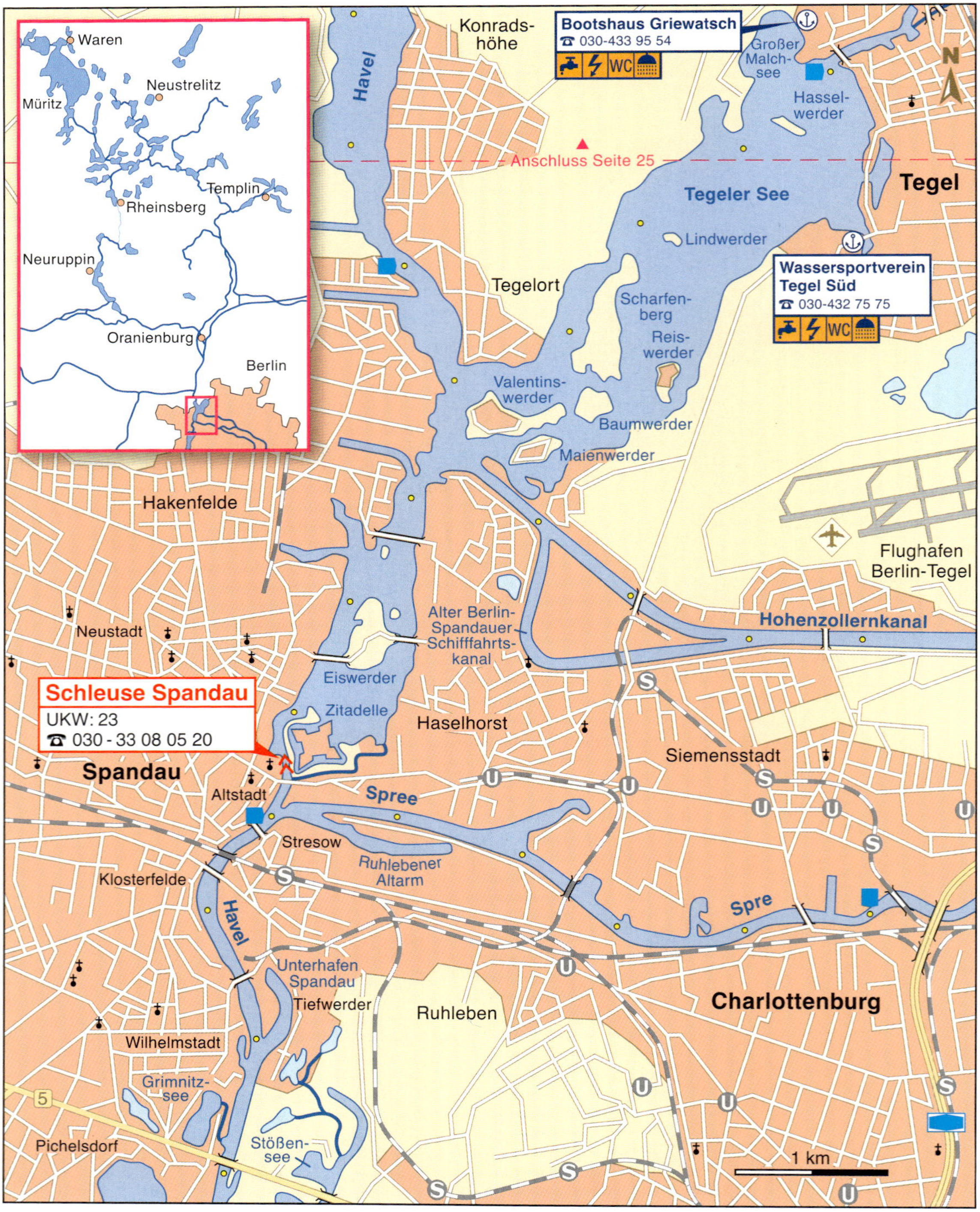
Waren
Neustrelitz
Müritz
Templin
Rheinsberg
Neuruppin
Oranienburg
Berlin
Konrads-
höhe
Bootshaus Griewatsch
☎ 030-433 95 54
WC
Großer
Malch-
see
Hassel-
werder
Havel
Anschluss Seite 25
Tegeler See
Tegel
Lindwerder
Wassersportverein
Tegel Süd
☎ 030-432 75 75
WC
Tegelort
Scharfen-
berg
Reis-
werder
Valentins-
werder
Baumwerder
Maienwerder
Hakenfelde
Flughafen
Berlin-Tegel
Alter Berlin-
Spandauer
Schifffahrts-
kanal
Hohenzollernkanal
Neustadt
Eiswerder
Schleuse Spandau
UKW: 23
☎ 030 - 33 08 05 20
Zitadelle
Haselhorst
Siemensstadt
Spandau
Altstadt
Spree
Stresow
Ruhlebener
Altarm
Klosterfelde
Spree
Havel
Unterhafen
Spandau
Tiefwerder
Ruhleben
Charlottenburg
Wilhelmstadt
Grimnitz-
see
5
Pichelsdorf
Stößen-
see
1 km

N
Veltener Stichkanal
Havel
15
111
96
Stolpe
Hohen Neuendorf
Anschluss Seite 26
Neubrück
Stolpe-Süd
Frohnau
Hennigsdorf
Bootscenter Rittmann
☎ 03302-81 07 77
WC
0
10
Havelkanal
Nieder Neuendorf
Nieder Neuendorfer See
Hotel Dannenberg
☎ 030-431 30 91
WC
Yachtzentrum Nordwest
☎ 030-33 50 75 03
WC
Heiligensee
Heiligensee
Bootshaus Havelblick
☎ 030-431 54 39
WC
Havel
Waren
Müritz
Neustrelitz
Templin
Rheinsberg
Neuruppin
Oranienburg
Berlin
Anschluss Seite 24
Bootshaus Griewatsch
☎ 030-433 95 54
WC
Großer Malchsee
0
Tegel
Tegeler See
Konradshöhe
1 km

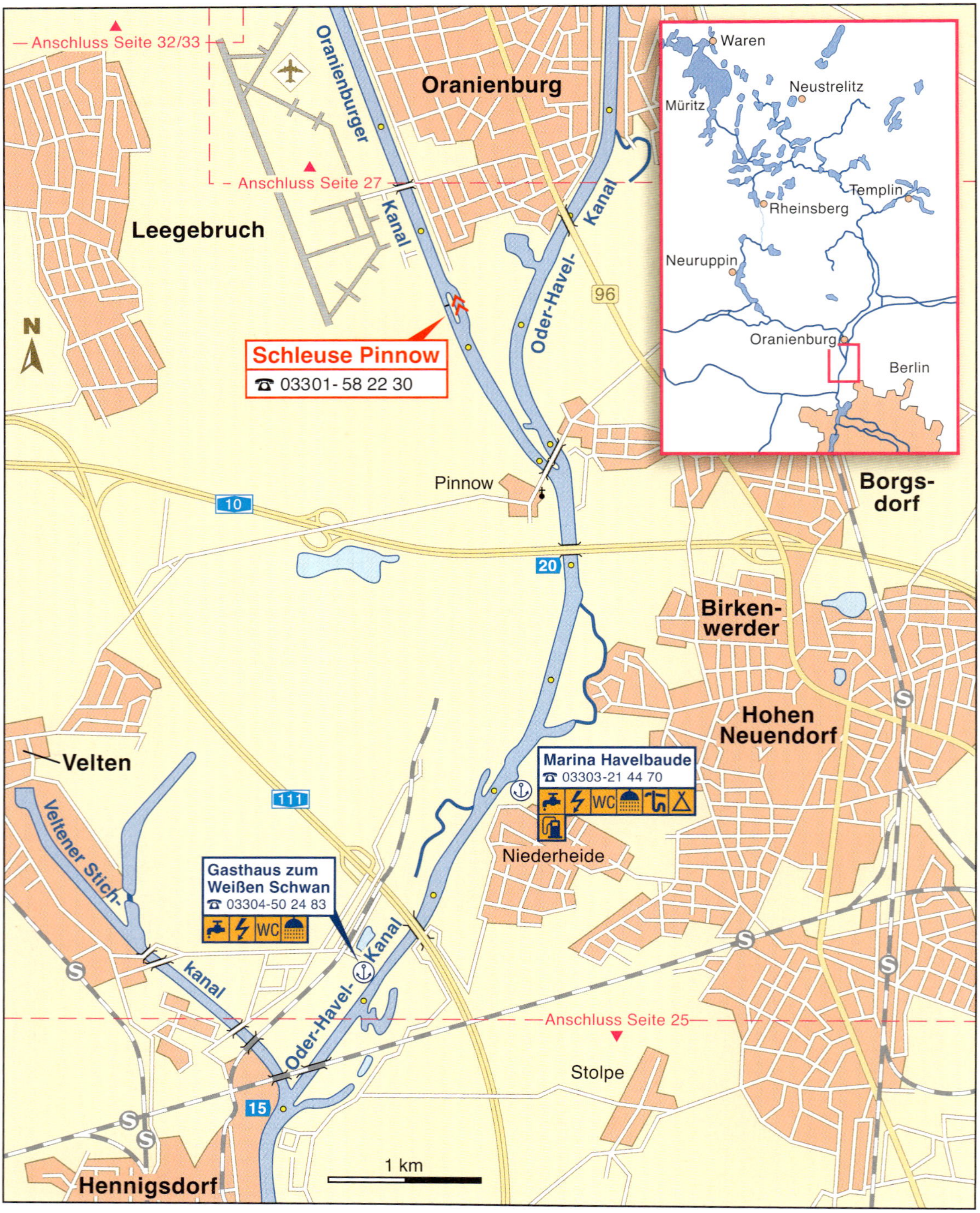
Anschluss Seite 32/33
Oranienburg
Oranienburger Kanal
Anschluss Seite 27
Leegebruch
Oder-Havel-Kanal
96
N
Schleuse Pinnow
☎ 03301- 58 22 30
Pinnow
10
20
Borgsdorf
Birkenwerder
Hohen Neuendorf
Velten
111
Marina Havelbaude
☎ 03303-21 44 70
WC
Niederheide
Veltener Stichkanal
Gasthaus zum Weißen Schwan
☎ 03304-50 24 83
WC
Oder-Havel-Kanal
Anschluss Seite 25
Stolpe
15
1 km
Hennigsdorf
Waren
Müritz
Neustrelitz
Templin
Rheinsberg
Neuruppin
Oranienburg
Berlin

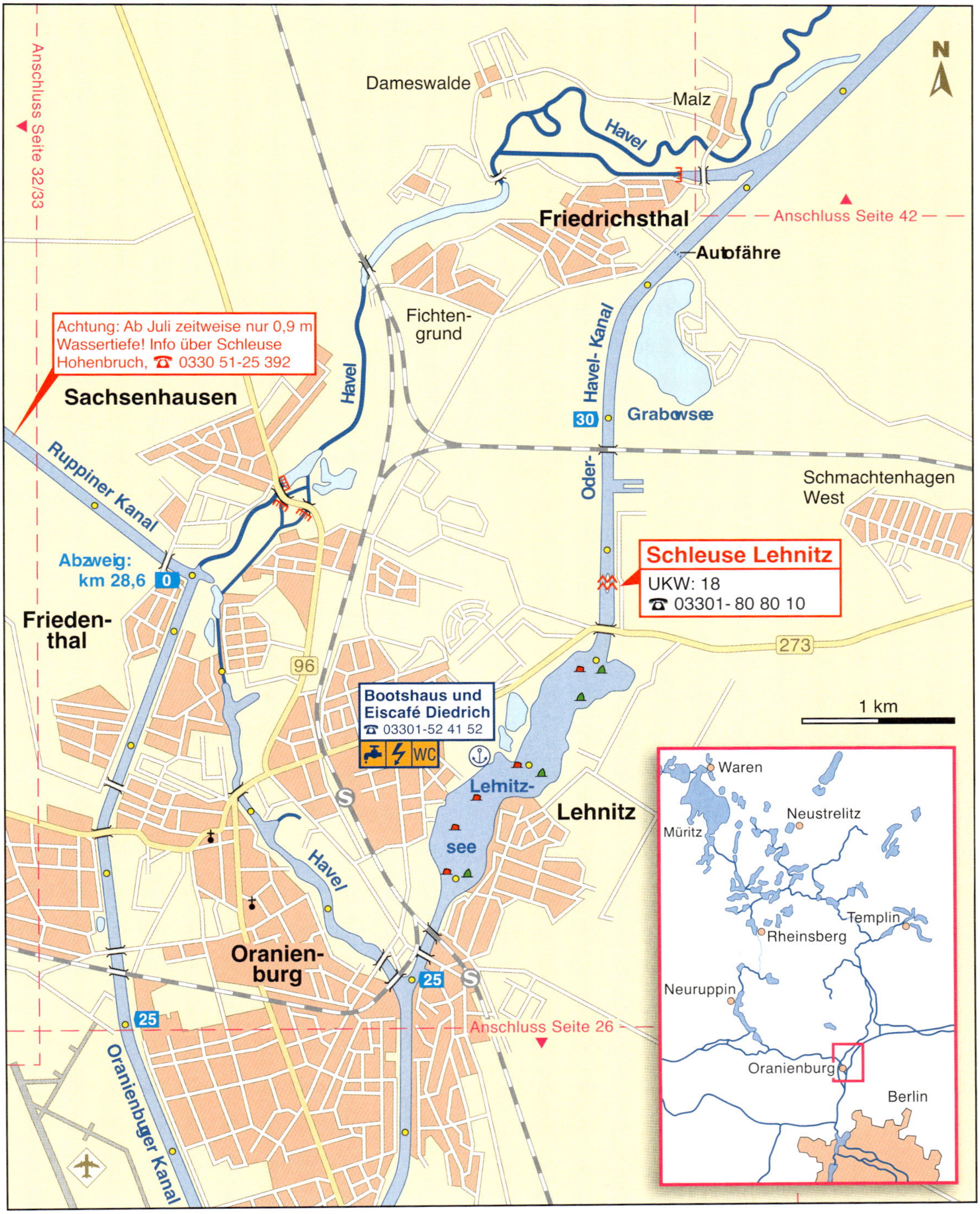
Anschluss Seite 32/33
Dameswalde
Malz
Havel
Friedrichsthal
Anschluss Seite 42
Autofähre
Fichten-
grund
Oder-
Havel-Kanal
30
Grabowsee
Achtung: Ab Juli zeitweise nur 0,9 m
Wassertiefe! Info über Schleuse
Hohenbruch, ☎ 0330 51-25 392
Sachsenhausen
Havel
Ruppiner Kanal
Schmachtenhagen
West
Schleuse Lehnitz
UKW: 18
☎ 03301-80 80 10
Abzweig:
km 28,6
0
Frieden-
thal
273
96
1 km
Bootshaus und
Eiscafé Diedrich
☎ 03301-52 41 52
WC
Lehnitz-
see
Lehnitz
Havel
Oranien-
burg
25
25
Anschluss Seite 26
Oranienburger Kanal
Waren
Neustrelitz
Müritz
Templin
Rheinsberg
Neuruppin
Oranienburg
Berlin

Bootshaus und Wirtshaus „Havelbaude" auf dem Weg nach Oranienburg (o.); Bootshaus und Eiscafé Dietrich am Lehnitzsee (u.).

Oranienburg

Der erste Ort an der Wasserstraße von Berlin nach Mecklenburg, der sich für einen Zwischenaufenthalt anbietet, heißt Oranienburg. Die Stadt bietet günstige Einkaufsmöglichkeiten. Das Stadtzentrum ist etwa einen Kilometer vom Ufer des Lehnitzsees entfernt. Von Oranienburg besteht S-Bahn-Verbindung nach Berlin.

Einer der beliebtesten Haltepunkte für Wasserwanderer auf dem Weg von Berlin nach Mecklenburg ist das Bootshaus Dietrich. Es liegt etwa bei km 26,50 am Westufer des Sees.

Gastlieger können dort ihr Boot an Schwimmstegen unmittelbar vor einem hübschen Terrassen-Café festmachen. Wer dort sitzt, genießt einen herrlichen Ausblick über den gesamten Lehnitzsee.

Am Ostufer des Lehnitzsees bestehen hervorragende Ankerplätze, insbesondere in der kleinen Bucht im nordöstlichsten Zipfel des Sees.

Ausflugstipps

Kreismuseum mit Exponaten zur Geschichte der Binnenschifffahrt und des Handwerks (Tel. 03301-38 63), Schloss mit Kunstausstellung (Tel. 03301-53 53 70), Garten Eden mit Obstbau-Ausstellung (Tel. 0331-52 326), Gedenkstätte KZ Sachsenhausen (Tel. 03301-80 37 15 oder -80 37 16).

Die Schleuse Lehnitz in Oranienburg

Die Ruppiner Gewässer

Geschichte

Der Bau eines Kanals zwischen Berlin und den Ruppiner Seen begann 1787 nach einem Großbrand, der Neuruppin in einer Nacht in Schutt und Asche gelegt hatte. Mit der Wasserstraße sollten Wiederaufbau und wirtschaftlicher Aufschwung in der preußischen Kleinstadt beschleunigt werden.
Noch heute erinnert die sehenswerte Doppelkammerschleuse in Altfriesack an den Beginn der Kanalschifffahrt. Auf den Ruppiner Gewässern fahren heute keine Frachtschiffe mehr, selten sieht man ein Fahrgastschiff, meist sind die Sportbootfahrer unter sich.

Fahrhinweise

Die Zufahrt zu den Ruppiner Gewässern führt über den Oranienburger Kanal. Die Wassertiefe liegt bei 1,30 m, die geringste Durchfahrtshöhe beträgt 3,2 m.
Betriebszeiten der Schleuse Pinnow: 1. April bis 30. September Mo–Do 8–16 Uhr, Fr 8–19 Uhr, Sa und So 8–19 Uhr. 1. Oktober bis 30. November: täglich 8–16 Uhr.
Der Oranienburger Kanal endet nach 7,9 km. Danach schließen sich in Richtung Westen die Ruppiner Gewässer an. Sie bestehen aus den Teilen:
- Ruppiner Kanal,
- Ruppiner Wasserstraße,
- Lindower Gewässer.

Segeln auf dem Ruppiner See

Gesamtlänge von Oranienburg zum Vielitzsee: 71,4 km.
Maximaler Tiefgang: bis Neuruppin 1,60 m, bis Lindow 1,45 m, bis Seebeck 1,30 m. Bei Trockenheit zwischen den Schleusen Tiergarten und Hohenbruch abnehmend bis 0,9 m.
Geringste Durchfahrtshöhe: 3,25 m (Brücke Lindow).
Zahl der Schleusen: 4
Schleusenzeiten: 1. Mai bis 30. September: Mo–Do 8–12 und 14–17 Uhr; Fr 8–12 und 14–19 Uhr, Sa 8–12 und 14–19 Uhr jeweils zur vollen Stunde. So 8–12 und 14–19 Uhr. 1. Oktober bis 30. April: täglich 9–11 und 14–16 Uhr.
Achtung: Bei anhaltend trockener Witterung können die Schleusenzeiten eingeschränkt werden, um den Wasserstand in den oberhalb liegenden Seen zu halten.
Mit tiefgehenden Booten ist besondere Vorsicht in der Schleuse Altfriesack geboten. Sie besteht aus zwei Kammern, wobei das dazwischen liegende Tor meist offen steht. Unter diesem Tor befindet sich ein Drempel (Schwelle), der nur etwa 1,0 m unter dem Wasser liegt.
Eigner von Booten mit mehr als 1,0 m Tiefgang sollten darauf bestehen, dass der Schleusenvorgang in der unteren Kammer stattfindet.
Nebengewässer: Bei km 22 der Ruppiner Gewässer zweigen nach Süden die Fehrbelliner Gewässer ab. Der Kanal (Alter Rhin) ist etwa 1,3 m tief, die niedrigste Durchfahrtshöhe liegt bei 3,30 m. Die einzige Schleuse in Hakenberg öffnet vom 16. März bis 30. November täglich zwischen 8 und 18 Uhr. Nach 17,1 km endet der Kanal in Fehrbellin.

Ausflugstipps

Neuruppin: Reste des Dominikanerklosters aus dem 13. Jh.; von den besteigbaren Türmen hat man eine weite Aussicht über die Ruppiner Gewässer. Das Heimatmuseum bewahrt das Erbe des größten Dichters der Stadt: Theodor Fontane. Hinter dem Museum liegt der barocke Tempelgarten, das Erstlingswerk des Malers und Architekten Georg Wenzeslaus von Knobelsdorff.
Stendenitz: Waldmuseum mit Anlegemöglichkeit seitlich am Steg der Fahrgastschifffahrt.

Brücke über den Rhin zwischen Molchowsee und Tetzensee

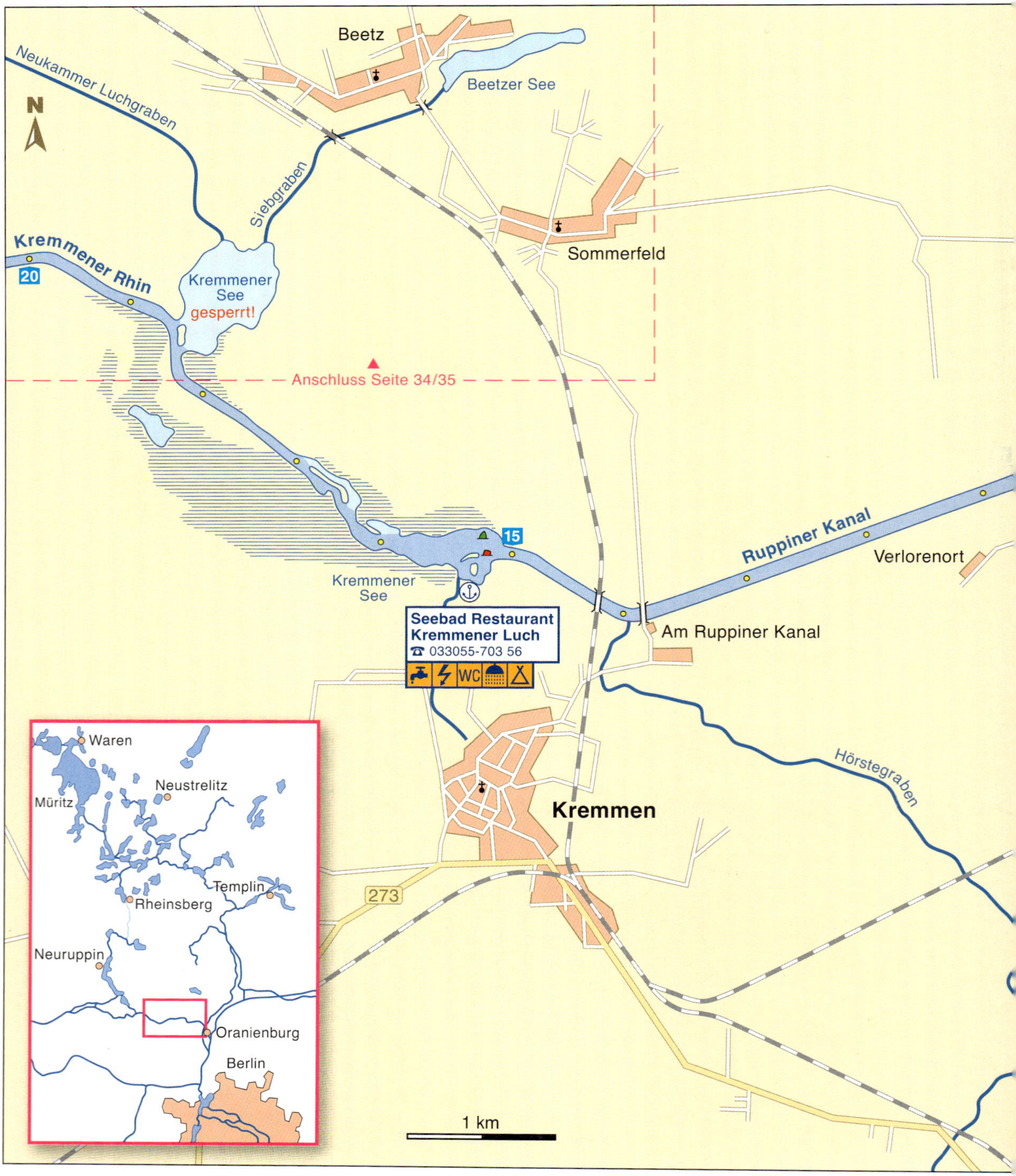
Beetz
Beetzer See
Neukammer Luchgraben
N
Siebgraben
Sommerfeld
Kremmener Rhin
20
Kremmener See
gesperrt!
Anschluss Seite 34/35
Ruppiner Kanal
Verlorenort
15
Kremmener See
Seebad Restaurant
Kremmener Luch
☎ 033055-703 56
WC
Am Ruppiner Kanal
Hörstegraben
Kremmen
273
1 km
Waren
Müritz
Neustrelitz
Templin
Rheinsberg
Neuruppin
Oranienburg
Berlin

Nassenheide
Hohenbruch
Johannisthal
Teschendorfer Graben
Anschluss Seite 27
Schleuse Hohenbruch
☎ 033052-2 53 92
10
Döringsbrück
Schleuse Tiergarten
☎ 03301-38 14
Ruppiner Kanal
Achtung: Bei Trockenheit reduzierte Wassertiefe, abnehmend bis 0,9 m. Beim Schleusenpersonal erkundigen
Behrensbrück
5
Tiergarten-siedlung
Oranienburg
Germendorf
273
Germendorfer Waldseen
Anschluss Seite 26

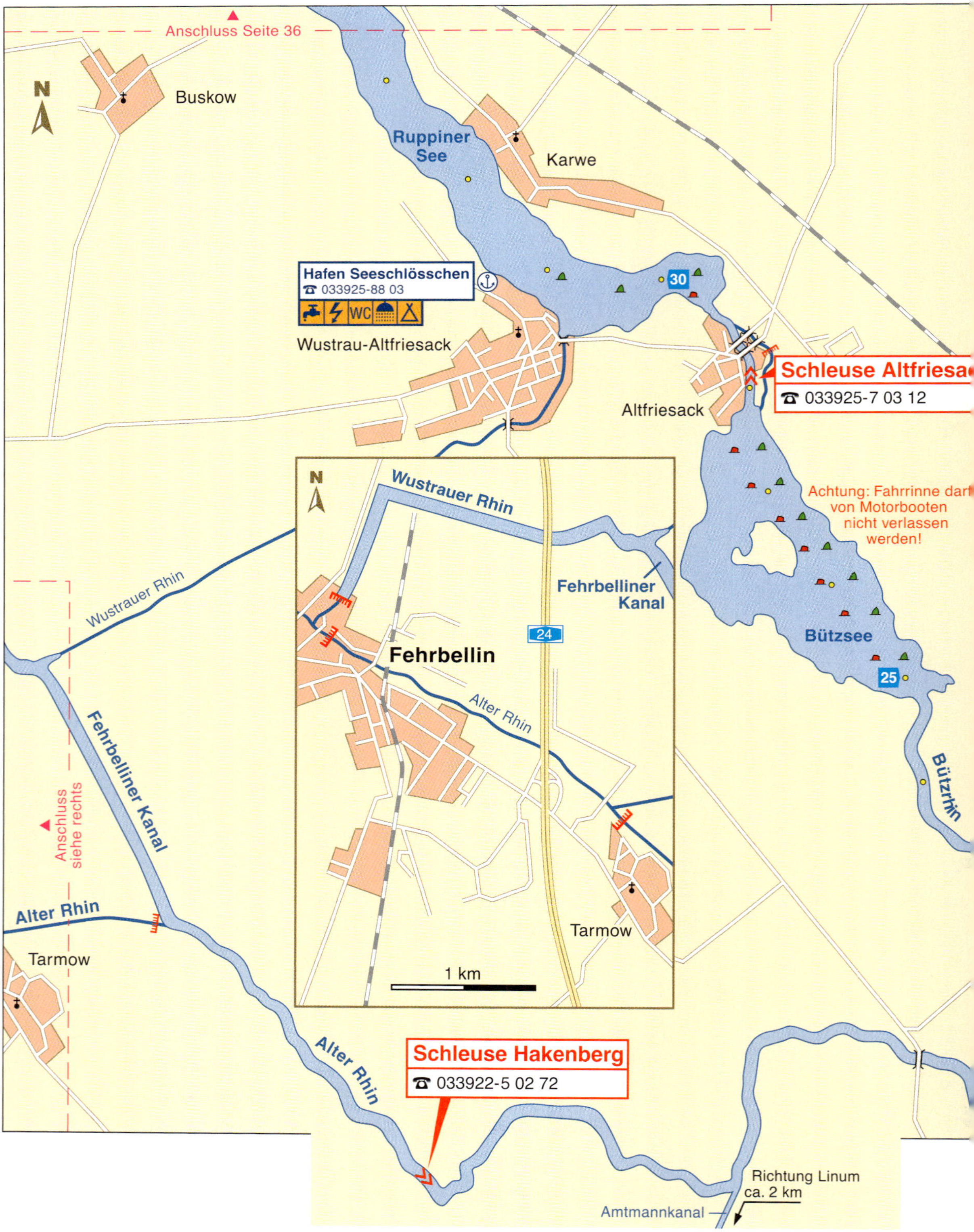
Anschluss Seite 36
N
Buskow
Ruppiner See
Karwe
Hafen Seeschlösschen
☎ 033925-88 03
WC
Wustrau-Altfriesack
30
Altfriesack
Schleuse Altfriesa
☎ 033925-7 03 12
Achtung: Fahrrinne darf von Motorbooten nicht verlassen werden!
Bützsee
25
Bützrhin
Wustrauer Rhin
Fehrbelliner Kanal
24
Fehrbellin
Alter Rhin
Tarmow
1 km
Anschluss siehe rechts
Schleuse Hakenberg
☎ 033922-5 02 72
Richtung Linum ca. 2 km
Amtmannkanal

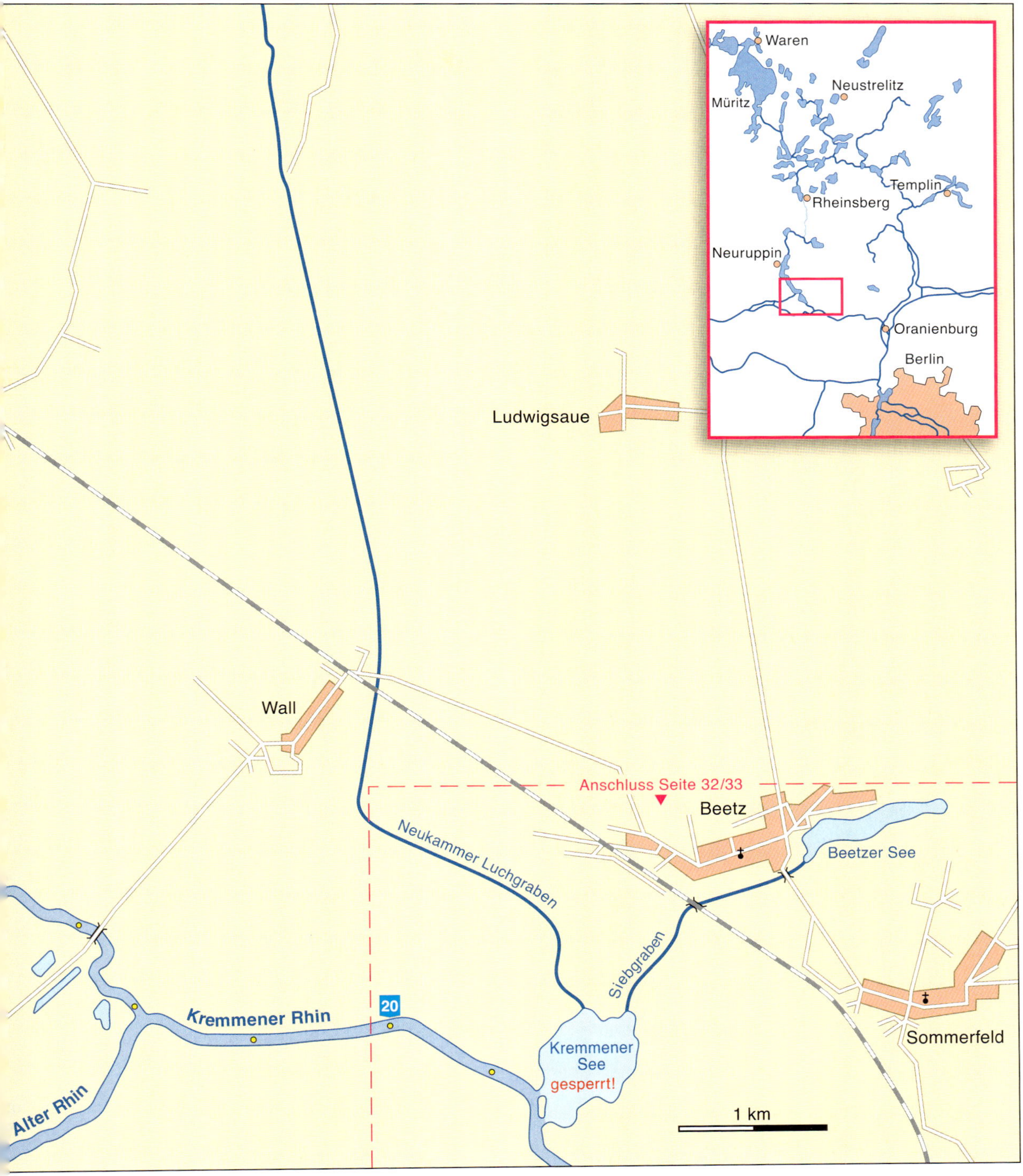
Waren
Müritz
Neustrelitz
Templin
Rheinsberg
Neuruppin
Oranienburg
Berlin
Ludwigsaue
Wall
Anschluss Seite 32/33
Beetz
Beetzer See
Neukammer Luchgraben
Siebgraben
Sommerfeld
Kremmener Rhin
20
Alter Rhin
Kremmener See
gesperrt!
1 km

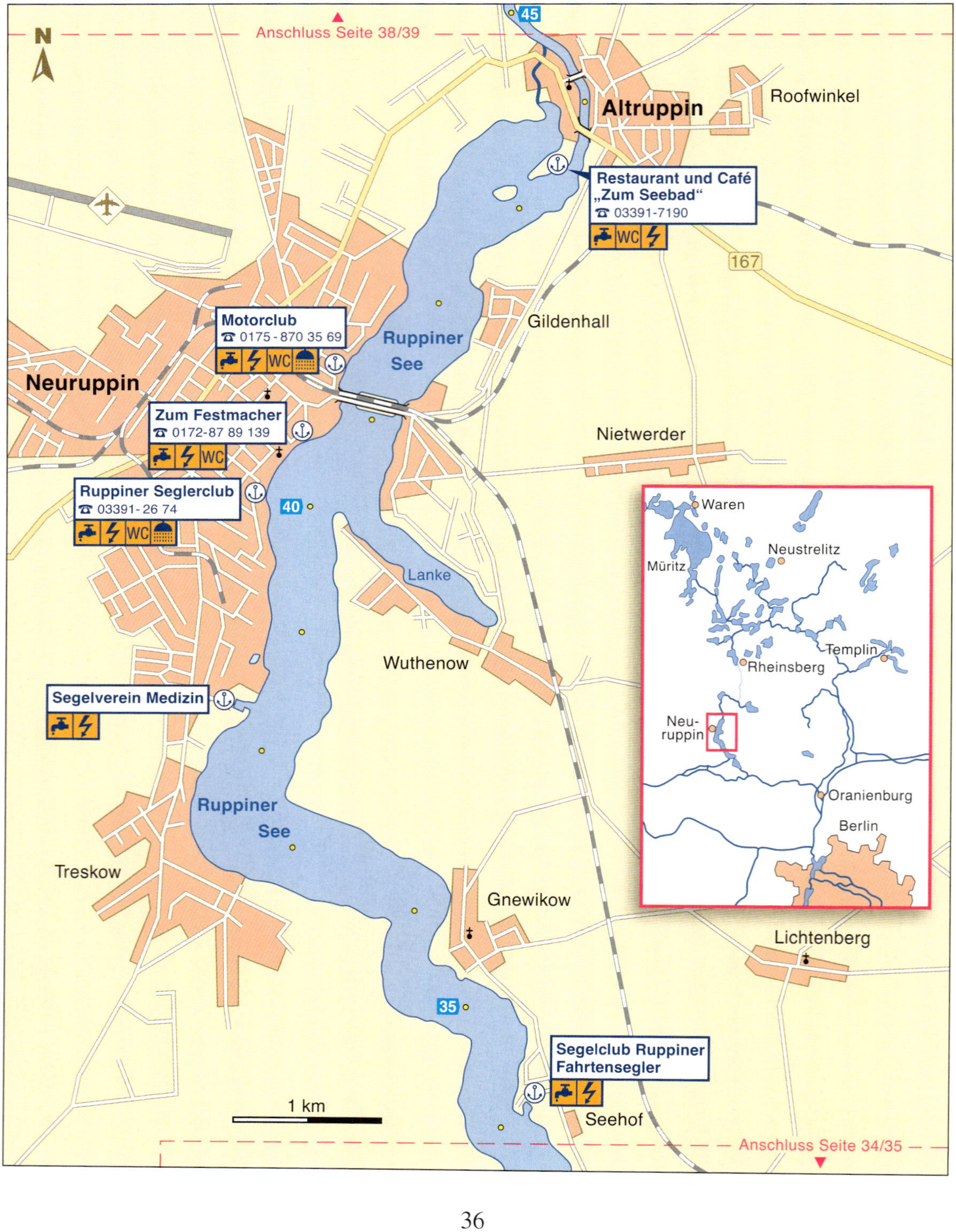
N
Anschluss Seite 38/39
45
Altruppin
Roofwinkel
Restaurant und Café
„Zum Seebad“
☎ 03391-7190
WC
167
Gildenhall
Motorclub
☎ 0175 - 870 35 69
WC
Ruppiner
See
Neuruppin
Zum Festmacher
☎ 0172-87 89 139
WC
Nietwerder
Ruppiner Seglerclub
☎ 03391- 26 74
WC
40
Lanke
Wuthenow
Segelverein Medizin
Ruppiner
See
Treskow
Gnewikow
Lichtenberg
35
Segelclub Ruppiner
Fahrtensegler
1 km
Seehof
Anschluss Seite 34/35
Waren
Müritz
Neustrelitz
Templin
Rheinsberg
Neu-
ruppin
Oranienburg
Berlin

Der Rhin zwischen Neuruppin und Lindow

Wenn es unweit von Berlin noch ein Seengebiet gibt, in dem Naturfreunde ins Schwärmen geraten können, dann sind das die Lindower Gewässer, die sich zwischen Neuruppin über Lindow bis nach Vielitz erstrecken. Sie bilden den oberen schiffbaren Teil der Ruppiner Gewässer. Zu Recht wird die gesamte Region als Ruppiner Schweiz bezeichnet. Da es hier nie eine nennenswerte Industrie gab und der Bootstourismus sich aufgrund der Abgeschiedenheit in Maßen hält, sind die Gewässerufer sehr sauber. Die Seen sind umgeben von tiefen Wäldern, in denen man nur selten Touristen antrifft.

Gespeist wird dieses Paradies für Wasserwanderer von drei kleinen Zuflüssen:

1. Der Binenbach: Er mündet bei der Boltenmühle in den Tornowsee.
2. Der Rheinsberger Rhin: Er mündet bei km 56,6 von Norden kommend in das Hauptfahrwasser. Der Rheinsberger Rhin kann vom 15. Juni bis Ende Oktober mit Kajaks (keine Kanus!) stromab von Rheinsberg bis Zippelsförde befahren werden. Die Entfernung beträgt nur 16 km. Allerdings müssen die Boote an drei Wehren und möglicherweise bei weiteren Hindernissen umgetragen werden.
3. Der schiffbare Rhin: Der aus dem Vielitzsee gespeiste Fluss bildet das Hauptfahrwasser und ist stromauf bis nach Lindow mit 1,45 m Tiefgang befahrbar.

Ein ideales Revier für Segelsportler ist der Gudelacksee. Günstige Anlegemöglichkeiten bestehen vor Lindow, entweder im Segelclub Lindow oder im Bootshafen am Gudelacksee.

In Lindow ist die Ruine einer Klosteranlage aus dem 13. Jahrhundert zu besichtigen. In die südöstliche Spitze des Gudelacksees mündet der letzte schiffbare Abschnitt des Rhins (auch genannt: Vielitzkanal). *Achtung:* Die Fahrwassertiefe nimmt hier ab auf ca. 1,30 m!

Über den etwa 1 km langen Kanal gelangt man in den malerischen Vielitzsee, wo vor der Ortschaft Vielitz (km 71,4) die Wasserstraße endet.

Der Tempelgarten in Neuruppin: Erstlingswerk des Gartenarchitekten Knobelsdorff

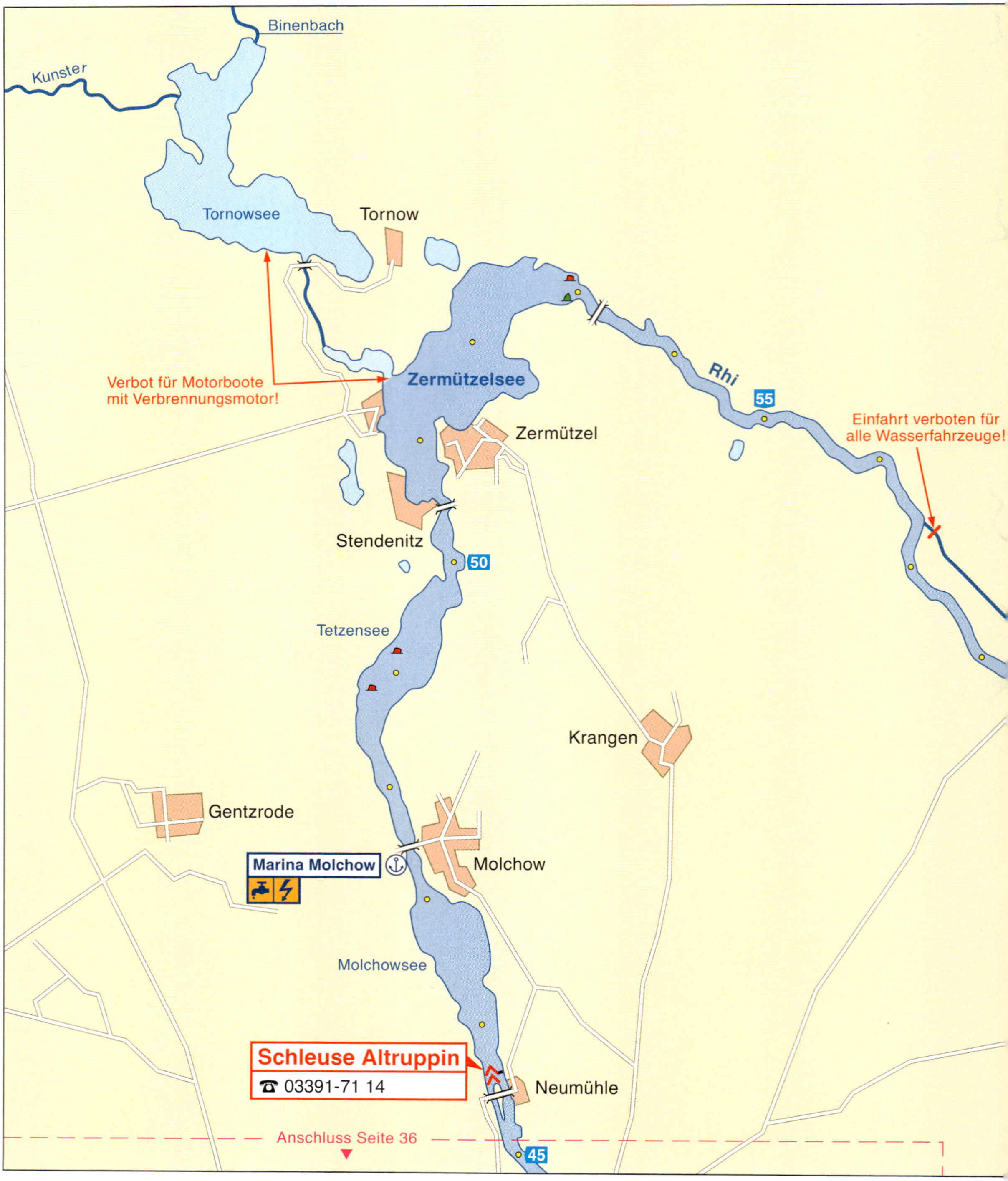
Binenbach
Kunster
Tornowsee
Tornow
Verbot für Motorboote
mit Verbrennungsmotor!
Zermützelsee
Rhi
55
Einfahrt verboten für
alle Wasserfahrzeuge!
Zermützel
Stendenitz
50
Tetzensee
Krangen
Gentzrode
Marina Molchow
Molchow
Molchowsee
Schleuse Altruppin
☎ 03391-71 14
Neumühle
Anschluss Seite 36
45

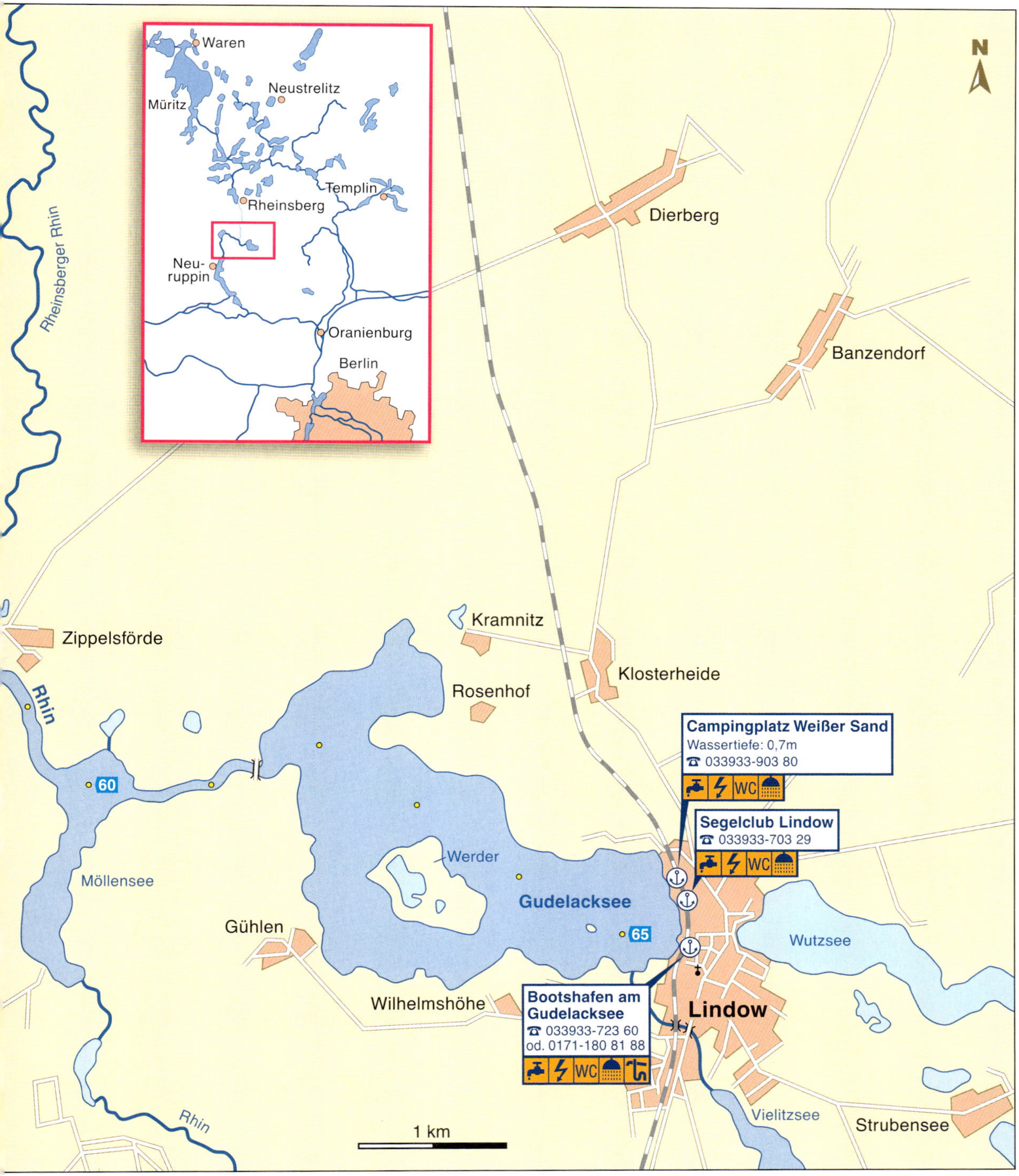
N
Waren
Müritz
Neustrelitz
Templin
Rheinsberg
Neu-
ruppin
Oranienburg
Berlin
Rheinsberger Rhin
Dierberg
Banzendorf
Kramnitz
Zippelsförde
Klosterheide
Rosenhof
Rhin
60
Campingplatz Weißer Sand
Wassertiefe: 0,7m
☎ 033933-903 80
WC
Segelclub Lindow
☎ 033933-703 29
WC
Werder
Möllensee
Gudelacksee
Gühlen
65
Wutzsee
Wilhelmshöhe
Bootshafen am
Gudelacksee
☎ 033933-723 60
od. 0171-180 81 88
WC
Lindow
Rhin
Vielitzsee
Strubensee
1 km

Die Obere Havel-Wasserstraße (OHW)

Geschichte

Bereits seit dem 17. Jahrhundert besteht die Obere Havel-Wasserstraße, damals allerdings nur bis zum Abzweig in die Templiner Gewässer. Es wurde meist der ursprüngliche Lauf der Havel genutzt.
Die Verlängerung der Wasserstraße über Fürstenberg bis nach Neustrelitz erfolgte zu Beginn des 18. Jahrhunderts. Dadurch wurde eine direkte Verbindung zwischen Berlin und dem Mecklenburger Seengebiet geschaffen.

Fahrhinweise

Der Abzweig von der Havel-Oder-Wasserstraße (Großschifffahrtsweg Berlin – Stettin) in die Obere Havel-Wasserstraße erfolgt bei km 40,5 (südlich von Liebenwalde).
Hier beginnt zunächst der nur 2,95 km lange Malzer Kanal, der eine eigene Kilometrierung hat:
Beginn bei km 43,95 (Mündung in die HOW),
km 45,30 Schleuse Liebenwalde,
Ende bei km 46,90 (Abzweig Langer Trödel).
Die Kilometrierung der Oberen Havel-Wasserstraße beginnt am Abzweig Langer Trödel (km 0,0) und endet in Neustrelitz (km 94,4).
Maximaler Tiefgang: 1,4 m, außer auf der Quassower Havel (zwischen Woblitzsee und Großer Labussee) ca. 0,9 m.
Brückendurchfahrten: 3,9 m,
aber Eisenbahnbrücke vor Neustrelitz (km 89,2) nur 3,42 m.
Zahl der Schleusen: 11.
Schleusenzeiten: unterhalb km 24,8 (Schleusen Liebenwalde, Bischofswerder und Zehdenick):
1. April bis 30. September: täglich 7–20 Uhr;
1. Oktober bis 30. November: täglich 8–18 Uhr;
1. Dezember bis 31. März: täglich 8–16 Uhr.
Oberhalb km 24,8 (Schleusen Schorfheide bis Voßwinkel):
1. April bis 30. September: täglich 7–20 Uhr;
1. Oktober bis 30. November: täglich 8–16 Uhr.
Achtung: Die beiden höchsten Schleusen (Wesenberg bzw. Voßwinkel) schleusen bei Trockenheit nur alle zwei Stunden, dann auch nur bis 19 Uhr.
Folgende Nebengewässer zweigen seitlich von der Oberen-Havel-Wasserstraße ab:
- Wentow-Gewässer,
- Templiner Gewässer,
- Lychener Gewässer.

Vor Priepert (km 72,5) mündet die Müritz-Havel-Wasserstraße (MHW) in das Hauptfahrwasser der OHW. Wer direkt zur Müritz will, muss vor Priepert nach Westen in die MHW abbiegen.

Ausflugstipps

Zehdenick: Zisterzienser-Kloster „Zum Heiligen Kreuz“ mit historischer Ausstellung und Kunstgalerie.
Mildenberg: Ziegeleipark Mildenberg mit Ausstellung zur Industriegeschichte. Feldbahnfahrten auf historischer Schmalspurbahn durch das Industriegelände zu den Kalköfen. In der Region um Mildenberg wurden während der Gründerzeit die Baustoffe für den Aufbau Berlins gewonnen und auf Kähnen zur Hauptstadt verschifft.
Fürstenberg: Ehemalige Eisenbahnfähre bei OHW-km 59,4 (heute technisches Denkmal),

Marina Zehdenick

Altstadt mit historischer Bebauung, Wasserburg und Heimatmuseum (Tel. 033093-37662), Barockschloss mit Galerie und Ausstellungen (Tel. 03393-32254), Mahn- und Gedenkstätte KZ Ravensbrück (Tel. 033093-39241 oder -38 370).

Die Obere Havel-Wasserstraße ist eine der schönsten Wasserstraßen im Osten Deutschlands. Dies gilt insbesondere für den oberen Teil, wo das Hauptfahrwasser durch die Mecklenburger Kleinseen führt.

Es ist ein Revier für Wasserwanderer, die sich an der üppigen Natur, der Stille und Abgeschiedenheit erfreuen wollen. Wer Zeit hat, sollte darum unbedingt in die seitlich abzweigenden Nebengewässer einfahren, die nur wenig vom durchreisenden Bootsverkehr zur Müritz frequentiert werden.

Wer es besonders einsam mag, kann nördlich von Wesenberg vom Woblitzsee aus nach Westen in den alten Lauf der Havel, die sogenannte Quassower Havel, hineinfahren, wo er am Großen Labussee eine einzigartige Natur vorfindet. Die Weiterreise durch die Useriner Schleuse zum Useriner See ist grundsätzlich gestattet, jedoch nicht für Sportboote mit Motorantrieb.

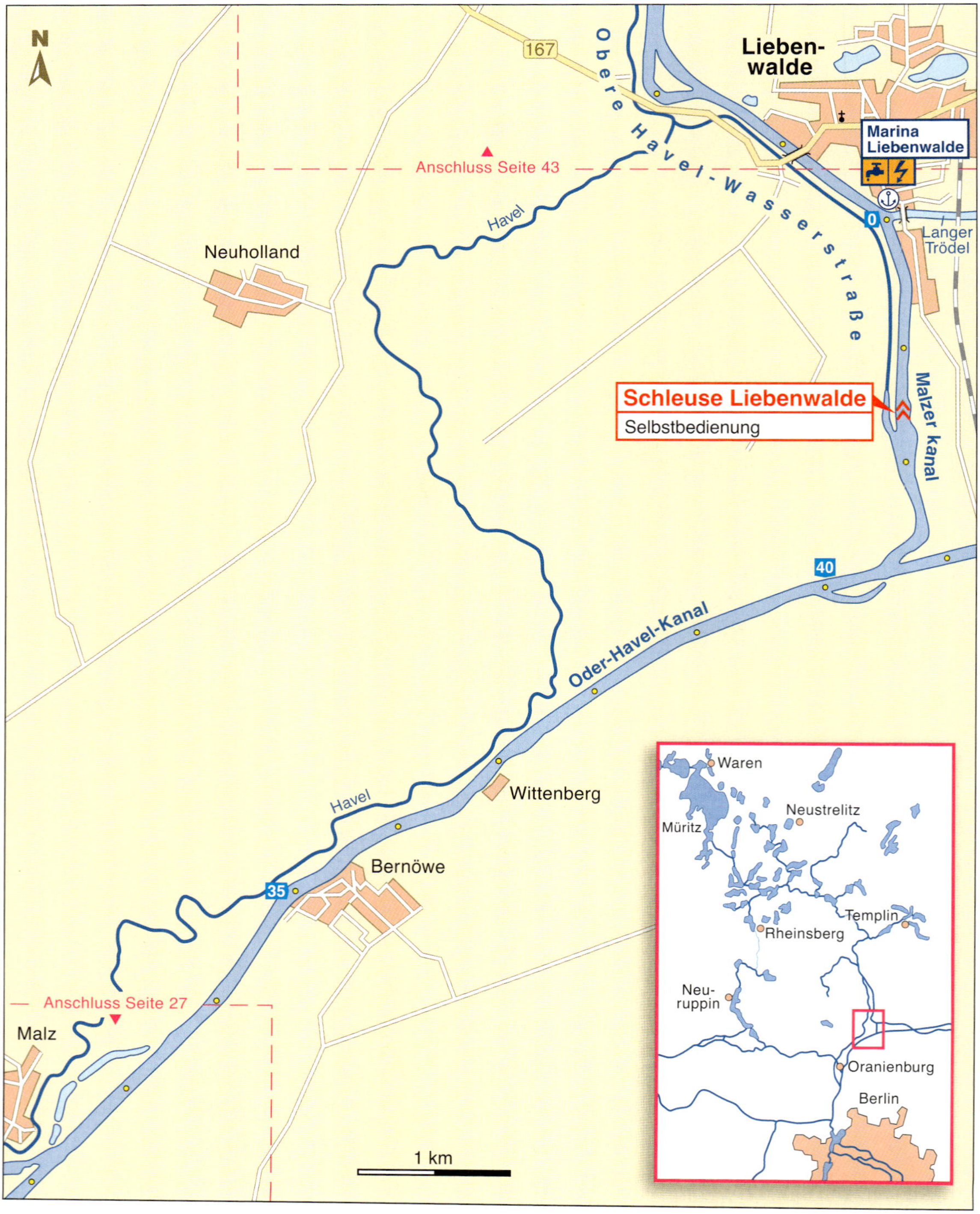
N
167
Obere Havel-Wasserstraße
Lieben-
walde
Marina
Liebenwalde
Anschluss Seite 43
Havel
0
Langer
Trödel
Neuholland
Schleuse Liebenwalde
Selbstbedienung
Malzer Kanal
40
Oder-Havel-Kanal
Wittenberg
Havel
Bernöwe
35
Anschluss Seite 27
Malz
1 km
Waren
Neustrelitz
Müritz
Templin
Rheinsberg
Neu-
ruppin
Oranienburg
Berlin

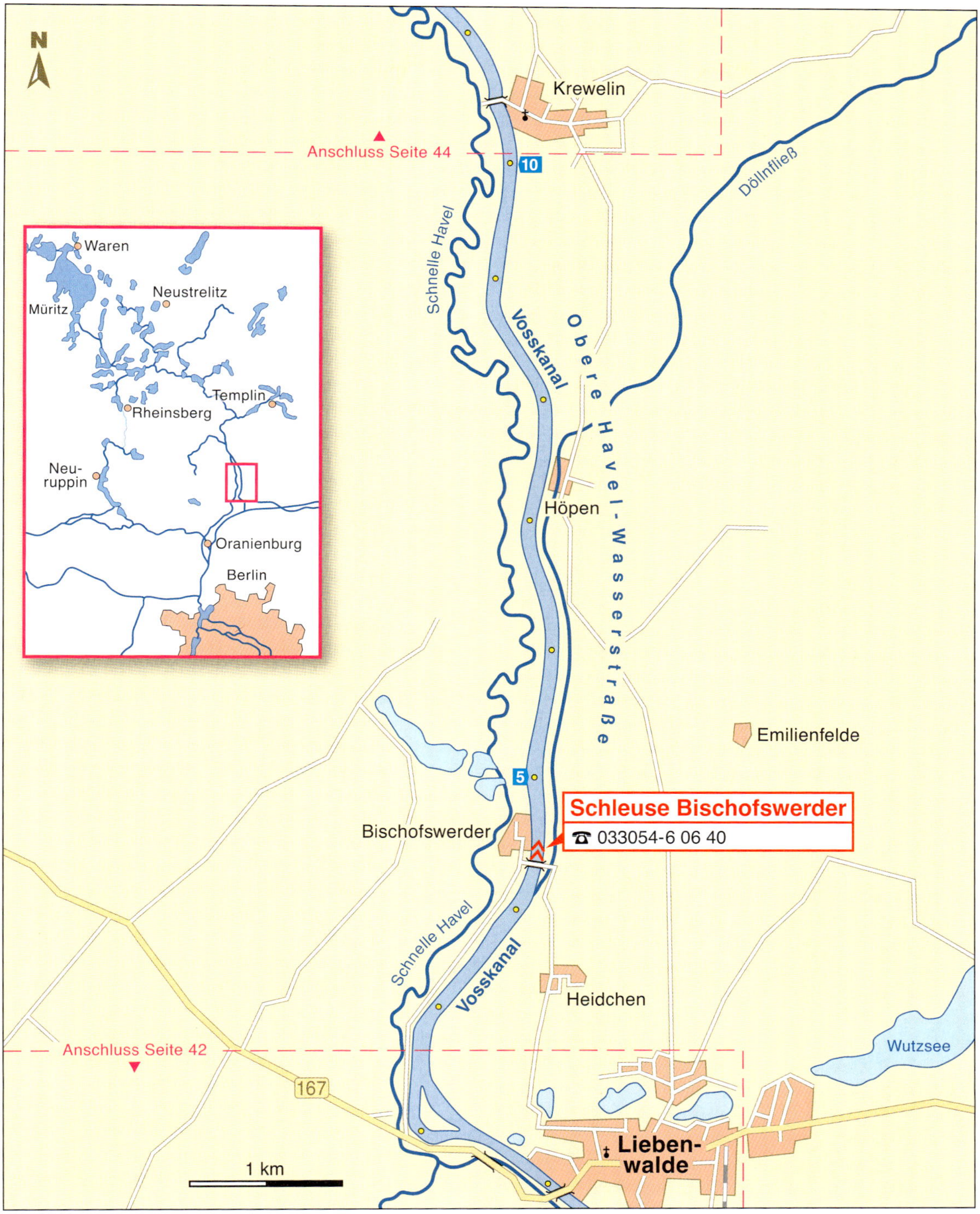
N
Krewelin
Anschluss Seite 44
10
Döllnfließ
Schnelle Havel
Vosskanal
Obere Havel-Wasserstraße
Waren
Müritz
Neustrelitz
Templin
Rheinsberg
Neu-
ruppin
Oranienburg
Berlin
Höpen
Emilienfelde
5
Schleuse Bischofswerder
☎ 033054-6 06 40
Bischofswerder
Schnelle Havel
Vosskanal
Heidchen
Wutzsee
Anschluss Seite 42
167
Lieben-
walde
1 km

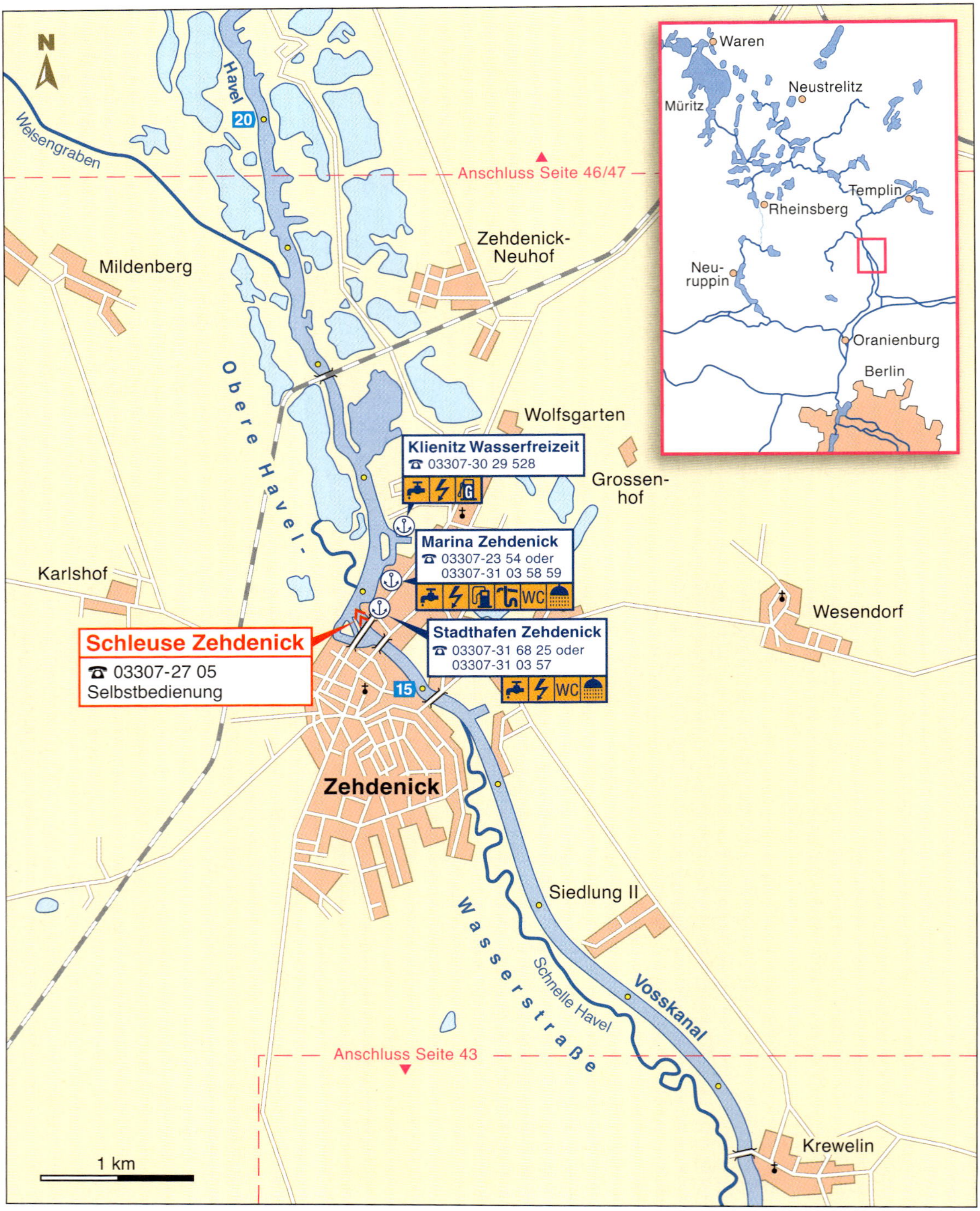
N
Havel
20
Welsengraben
Anschluss Seite 46/47
Mildenberg
Zehdenick-
Neuhof
Obere Havel-
Wolfsgarten
Klienitz Wasserfreizeit
☎ 03307-30 29 528
Grossen-
hof
Marina Zehdenick
☎ 03307-23 54 oder
03307-31 03 58 59
WC
Karlshof
Wesendorf
Schleuse Zehdenick
☎ 03307-27 05
Selbstbedienung
Stadthafen Zehdenick
☎ 03307-31 68 25 oder
03307-31 03 57
WC
15
Zehdenick
Siedlung II
Wasserstraße
Schnelle Havel
Vosskanal
Anschluss Seite 43
Krewelin
1 km
Waren
Müritz
Neustrelitz
Templin
Rheinsberg
Neu-
ruppin
Oranienburg
Berlin

Auf der Oberen Havel-Wasserstraße nördlich von Zehdenick (o.); die Fußgängerbrücke in Zehdenick (u.).

Waren
Müritz
Neustrelitz
Rheins-
berg
Templin
Neu-
ruppin
Oranienburg
Berlin
Neutornow
Kleiner
Wentowsee
96
Dannenwalde
Grenzbek
Siebgraben
Seilershof
10
Hotel am Wentowsee
Brückendurchfahrt
nur 3,3m!
Campingplatz Tornow
Großer
5
Ringsleben
Wentowsee
Marien-
thal
Neulüdersdorf
Wentow
Zabelsdorf
Altlüdersdorf
Ribbeck
Lindenhof
96
Welsengraben
Amt
Mildenberg
Gehronsee

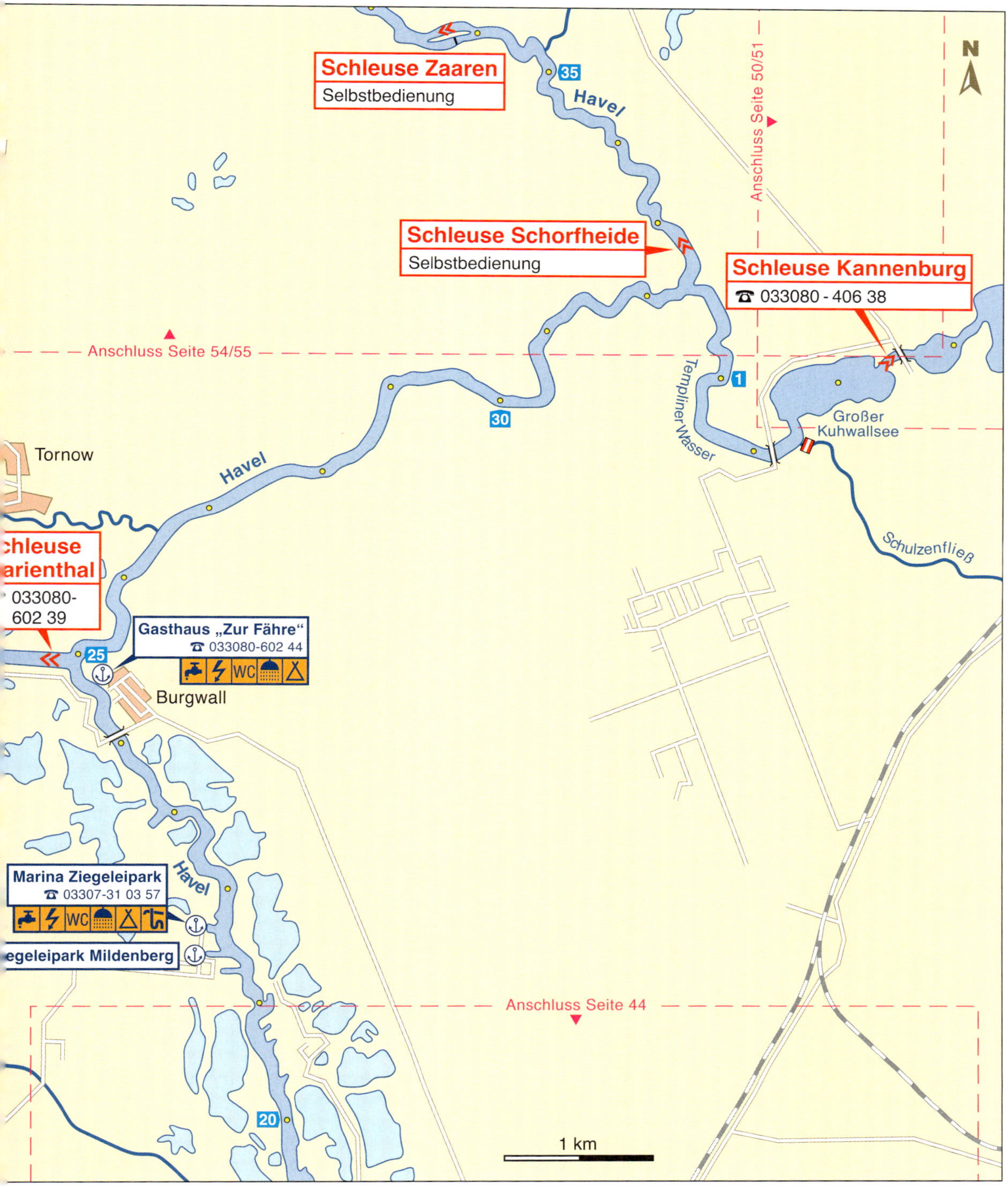
Schleuse Zaaren
Selbstbedienung
35
Havel
Anschluss Seite 50/51
N
Schleuse Schorfheide
Selbstbedienung
Schleuse Kannenburg
☎ 033080 - 406 38
Anschluss Seite 54/55
Templiner Wasser
1
30
Großer Kuhwallsee
Tornow
Havel
Schulzenfließ
chleuse
arienthal
033080-
602 39
Gasthaus „Zur Fähre“
☎ 033080-602 44
WC
25
Burgwall
Havel
Marina Ziegeleipark
☎ 03307-31 03 57
WC
egeleipark Mildenberg
Anschluss Seite 44
20
1 km

Die Wentow-Gewässer

Geschichte

Der Wentowsee hatte schon immer einen natürlichen Abfluss (Das Fließ) zur Havel. Das Fließ überwindet dabei allerdings einen Höhenunterschied von etwa 1,9 m. Dadurch war der Abfluss des Wentowsees nur für die Flößerei nutzbar.
Nachdem die unweit vorbei fließende Havel (Obere Havel-Wasserstraße) schiffbar gemacht worden war, begann man in den Jahren 1732/33 einen rund zwei Kilometer langen Stichkanal von Marienthal am Ostufer des Wentowsees zur Havel bei Burgwall zu schaffen. Zur Bewältigung des Höhenunterschiedes wurde die Schleuse Marienthal gebaut.
Die abgelegenen Dörfer Wentow und Dannenwalde erhielten dadurch eine Verkehrsanbindung. Verschifft wurden hauptsächlich Holz und Agrarprodukte. Heute verkehren keine Binnenschiffe mehr in den Wentow-Gewässern. Fahrgastschiffe sieht man sehr selten.

Fahrhinweise

Bei km 24,9 der Oberen Havel-Wasserstraße (Nähe Rastplatz Burgwall) zweigen die Wentow-Gewässer als Nebengewässer in Richtung Westen ab.
Länge der Wasserstraße: 11,0 km.
Die Wentow-Gewässer bestehen aus den Teilen Wentowkanal (2,1 km), Großer Wentowsee (7,4 km) und Kleiner Wentowsee (1,5 km).
Maximaler Tiefgang: 1,0 m.
Niedrigste Brückendurchfahrt: Brücke Dannenwalde 3,3 m.
Schleusenzeiten: Schleuse Marienthal:
1. April bis 30. September: täglich 7–20 Uhr;
1. Oktober bis 20. November: täglich 8–16 Uhr.
Boote bis 3,3 m Höhe können noch die zwei Brücken in Dannenwalde unterqueren und bis zur westlichen Spitze des Kleinen Wentowsees weiterfahren.
Achtung: Sowohl der Wentowkanal als auch der Große Wentowsee sind stellenweise stark verkrautet. Der Wentowsee hat flache Stellen, das Fahrwasser ist aber in den kritischen Bereichen betonnt.

Ausflugstipps

Die Wentow-Gewässer eignen sich sowohl zum Segeln als auch zum Motorbootfahren, sind aber touristisch wenig erschlossen. Anlegemöglichkeiten bestehen am Campingplatz Tornow sowie vor dem Hotel am Wentowsee in Seilershof.

Ausfahrt aus der Schleuse Wentow

Schleuse Marienthal am Wentowkanal (o.); erholsame Fahrt auf den Wentow-Gewässern (u.).

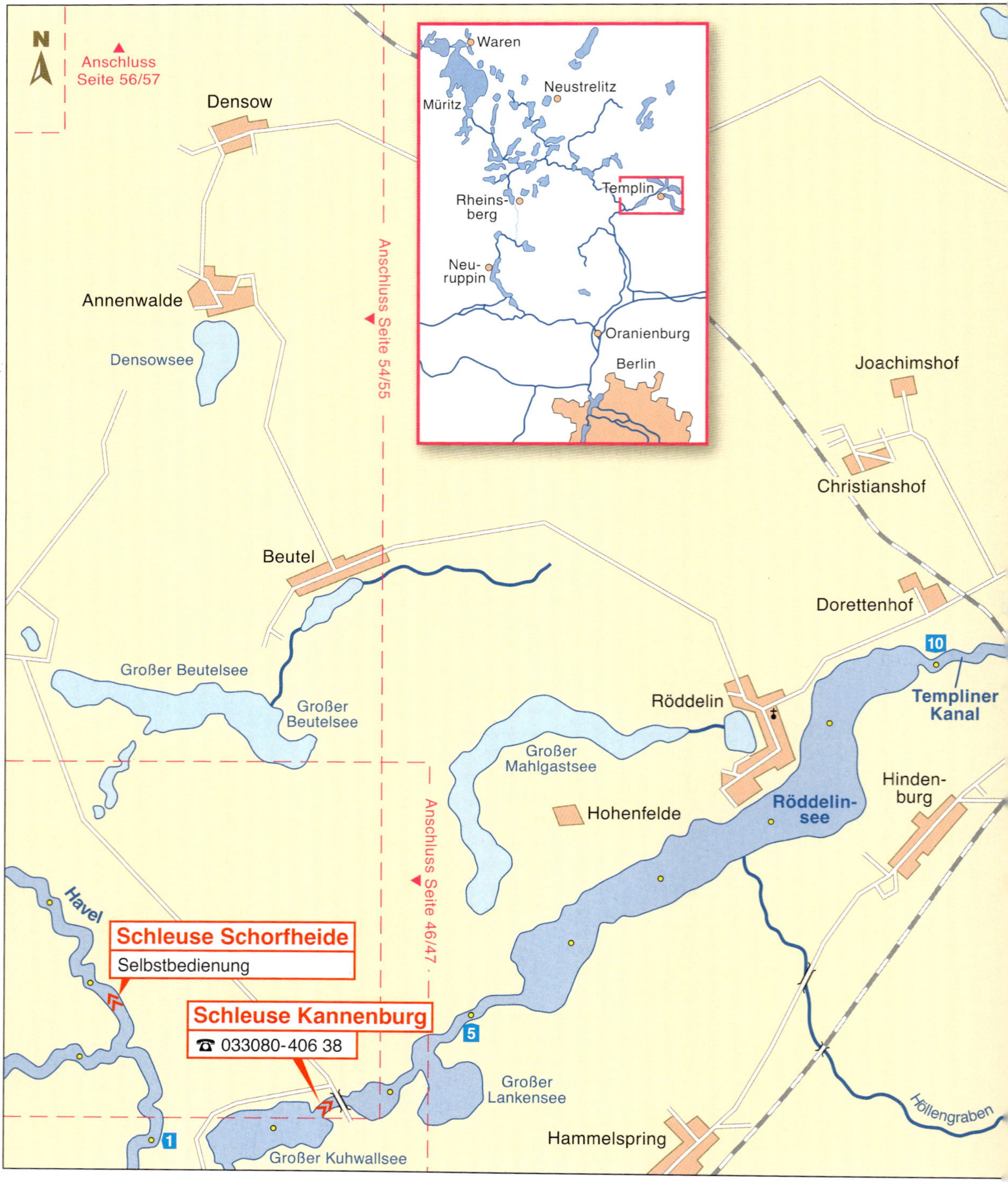
N
Anschluss Seite 56/57
Densow
Annenwalde
Densowsee
Anschluss Seite 54/55
Waren
Müritz
Neustrelitz
Rheinsberg
Templin
Neuruppin
Oranienburg
Berlin
Joachimshof
Christianshof
Dorettenhof
Beutel
Großer Beutelsee
Großer Beutelsee
Röddelin
Templiner Kanal
Großer Mahlgastsee
Hohenfelde
Röddelinsee
Hindenburg
Anschluss Seite 46/47
Havel
Schleuse Schorfheide
Selbstbedienung
Schleuse Kannenburg
☎ 033080-406 38
Großer Lankensee
Großer Kuhwallsee
Hammelspring
Höllengraben
1
5
10

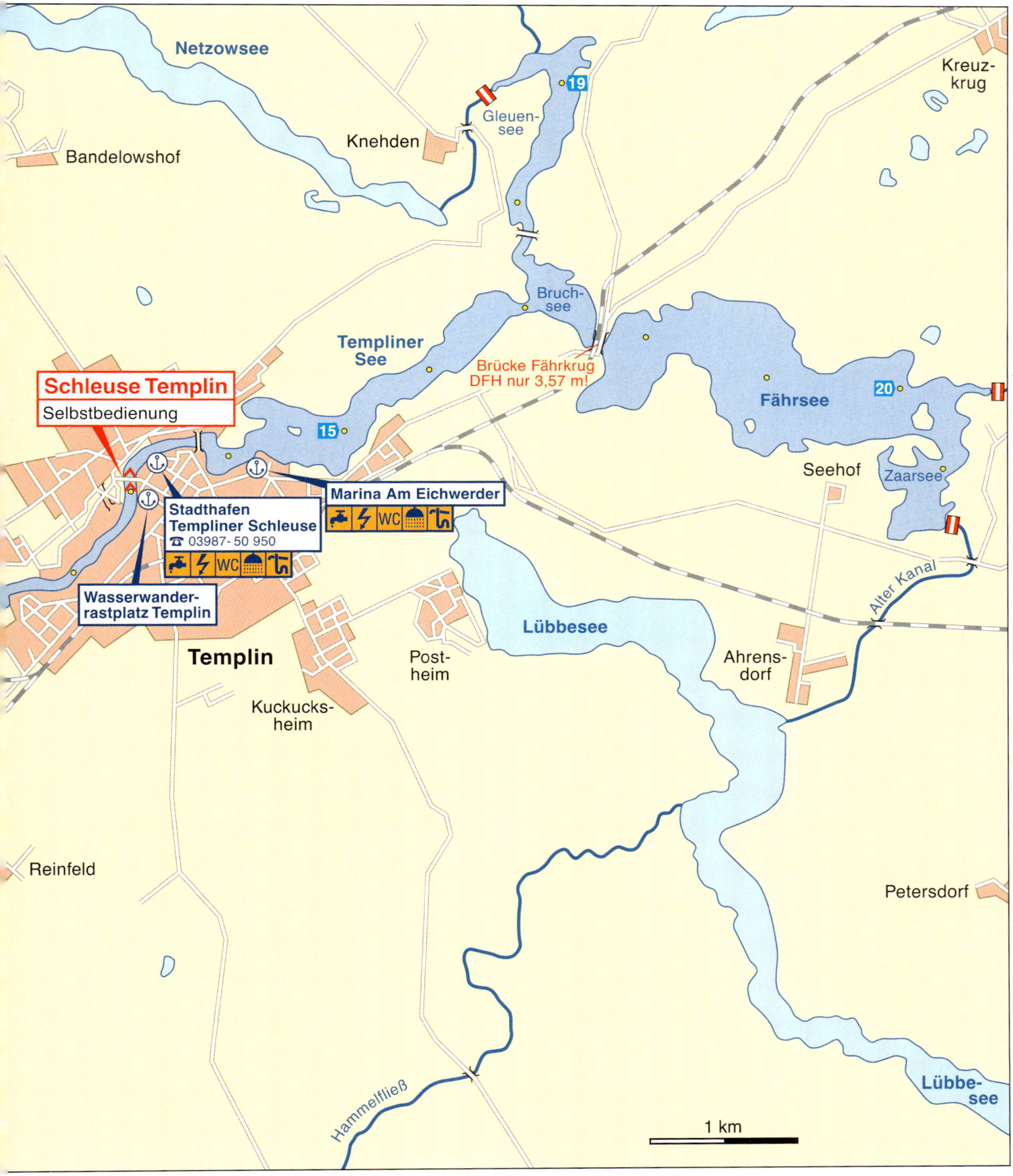
Netzowsee
Bandelowshof
Knehden
Gleuen-
see
19
Kreuz-
krug
Bruch-
see
Templiner
See
Brücke Fährkrug
DFH nur 3,57 m!
Schleuse Templin
Selbstbedienung
15
Fährsee
20
Seehof
Zaarsee
Marina Am Eichwerder
Stadthafen
Templiner Schleuse
☎ 03987- 50 950
Wasserwander-
rastplatz Templin
Templin
Lübbesee
Alter Kanal
Post-
heim
Ahrens-
dorf
Kuckucks-
heim
Reinfeld
Petersdorf
Hammelfließ
Lübbe-
see
1 km

Die Templiner Gewässer

Geschichte

Die Wasserstraße nach Templin zählt zu den ältesten der Region. Als im 17. Jahrhundert die obere Havel schiffbar gemacht wurde, konnten die Kähne schon von Berlin bis Templin fahren, jedoch noch nicht auf dem heutigen Hauptfahrwasser über Fürstenberg nach Neustrelitz (dieser Teil wurde erst im 19. Jh. ausgebaut).
Auf dem heutigen Nebenfahrwasser von der OHW nach Templin finden wir auch eine der ältesten Schleusen der Region. Die Schleuse Kannenburg hat als einzige noch schräge Seitenwände und wird vom Schleusenmeister per Handkurbel bedient. Die Schleuse Templin wurde inzwischen rekonstruiert, wodurch auch die oberhalb von Templin gelegenen Seen wieder befahren werden können.

Fahrhinweise

Länge der Wasserstraße vom Abzweig aus der OHW bis zur Südspitze des Zaarsees: 22,0 km.
Maximaler Tiefgang: 1,2 m.
Niedrigste Brückendurchfahrt: Brücke Fährkrug (km 17,7) 3,57 m.
Schleusenzeiten: Schleuse Kannenburg:
1. April bis 30. September: täglich 7–20 Uhr;
1. Oktober bis 30. November: täglich 8–16 Uhr.
Schleuse Templin: Selbstbedienung, Betriebszeiten wie Kannenburg.
Die Teilstücke Templiner Wasser und Templiner Kanal sind stellenweise bis zur Fahrwassermitte mit Seerosen zugewachsen. Um diese blühende Pracht zu erhalten, sollten vor allem Motorbootfahrer an diesen Stellen die Geschwindigkeit stark reduzieren.

Ausflugstipps

Das mittelalterliche Stadtzentrum von Templin ist ein Kleinod mit Stadtmauer, Türmen, Toren und Wiekhäusern. Der dem Hafen (unterhalb der Schleuse) zugewandte Teil der Stadtmauer ist in den letzten Jahren aufwendig rekonstruiert worden. Sehenswert sind außerdem das Volkskundemuseum im Prenzlauer Tor, das Rathaus (1750), die Pfarrkirche (1749) und die Georgenkapelle aus dem 15. Jahrhundert. In Templin gibt es unweit vom Hafen günstige Einkaufsmöglichkeiten sowie mehrere Gaststätten.

Blick auf Templin

Einfahrt in die Schleuse Kannenburg (o.);
Charterboot auf den Templiner Gewässern im Norden Brandenburgs (u.).

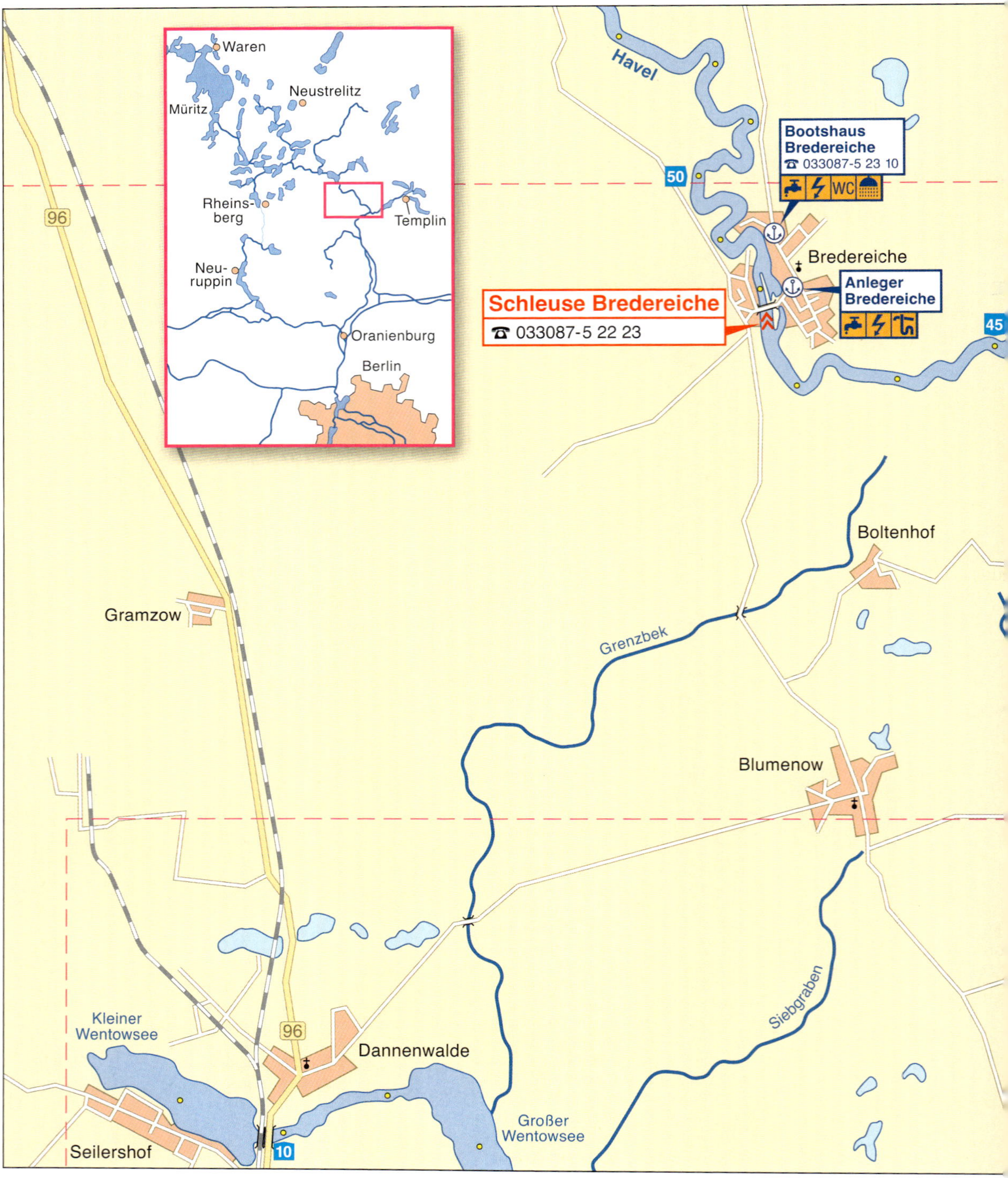

Waren
Müritz
Neustrelitz
Rheinsberg
Templin
Neuruppin
Oranienburg
Berlin
Havel
Bootshaus Bredereiche
☎ 033087-5 23 10
WC
Bredereiche
Anleger Bredereiche
Schleuse Bredereiche
☎ 033087-5 22 23
50
45
96
Boltenhof
Gramzow
Grenzbek
Blumenow
Siebgraben
Kleiner Wentowsee
Dannenwalde
Großer Wentowsee
Seilershof
10

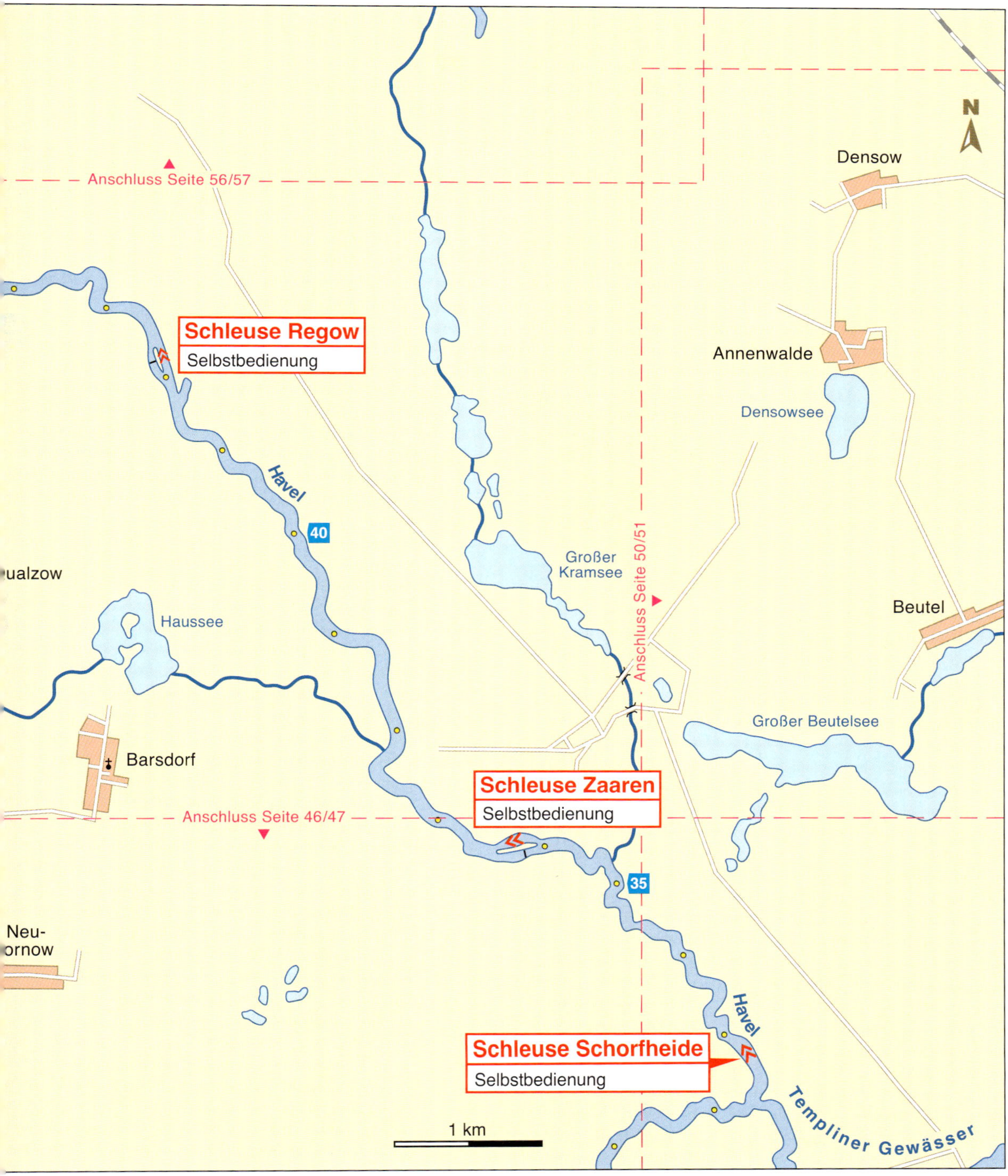
Anschluss Seite 56/57
Densow
N
Schleuse Regow
Selbstbedienung
Annenwalde
Densowsee
Havel
40
Großer
Kramsee
Anschluss Seite 50/51
ualzow
Haussee
Beutel
Großer Beutelsee
Barsdorf
Schleuse Zaaren
Selbstbedienung
Anschluss Seite 46/47
35
Neu-
ornow
Havel
Schleuse Schorfheide
Selbstbedienung
Templiner Gewässer
1 km

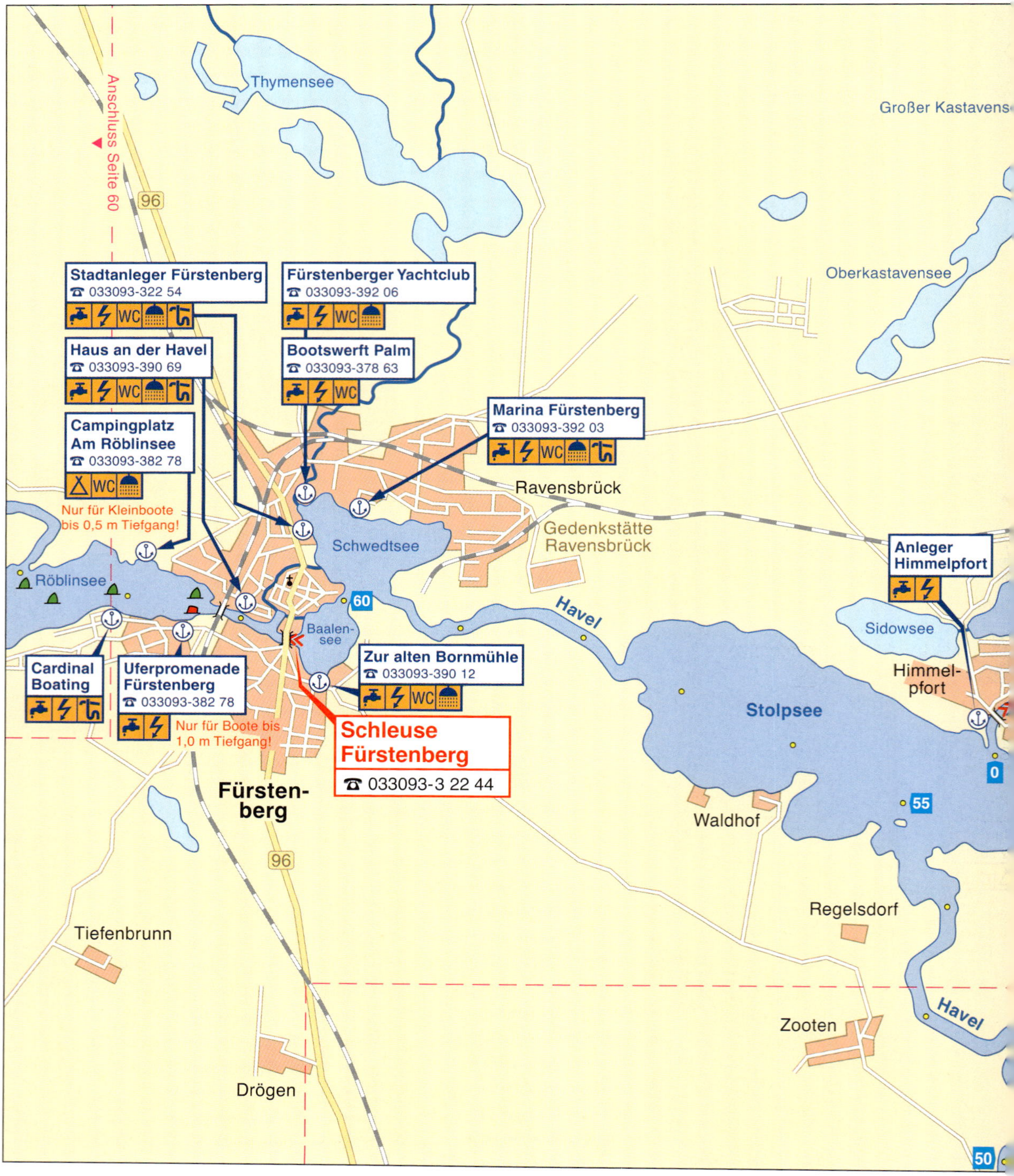

Thymensee
Anschluss Seite 60
96
Großer Kastavens
Oberkastavensee
Stadtanleger Fürstenberg
033093-322 54
WC
Fürstenberger Yachtclub
033093-392 06
WC
Haus an der Havel
033093-390 69
WC
Bootswerft Palm
033093-378 63
WC
Campingplatz
Am Röblinsee
033093-382 78
WC
Marina Fürstenberg
033093-392 03
WC
Ravensbrück
Nur für Kleinboote
bis 0,5 m Tiefgang!
Gedenkstätte
Ravensbrück
Schwedtsee
Anleger
Himmelpfort
Röblinsee
60
Havel
Sidowsee
Baalen-
see
Zur alten Bornmühle
033093-390 12
WC
Himmel-
pfort
Cardinal
Boating
Uferpromenade
Fürstenberg
033093-382 78
Nur für Boote bis
1,0 m Tiefgang!
Schleuse
Fürstenberg
033093-3 22 44
Stolpsee
0
Fürsten-
berg
55
Waldhof
96
Regelsdorf
Tiefenbrunn
Havel
Zooten
Drögen
50

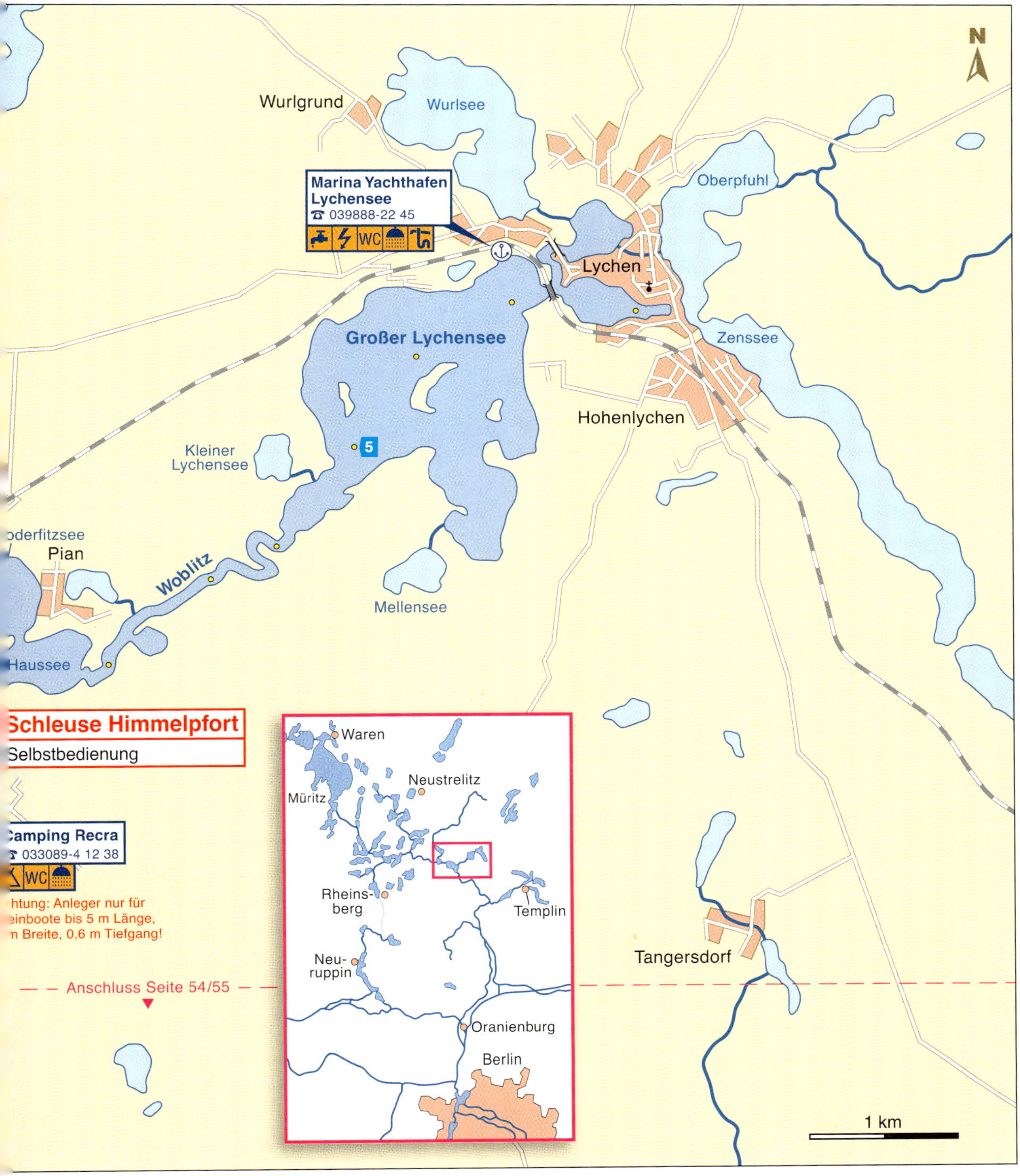
N
Wurlgrund
Wurlsee
Marina Yachthafen Lychensee
☎ 039888-22 45
WC
Oberpfuhl
Lychen
Großer Lychensee
Zenssee
Hohenlychen
Kleiner Lychensee
5
oderfitzsee
Pian
Woblitz
Mellensee
Haussee
Schleuse Himmelpfort
Selbstbedienung
Camping Recra
☎ 033089-4 12 38
WC
htung: Anleger nur für
einboote bis 5 m Länge,
n Breite, 0,6 m Tiefgang!
Anschluss Seite 54/55
Waren
Müritz
Neustrelitz
Rheinsberg
Templin
Neuruppin
Oranienburg
Berlin
Tangersdorf
1 km

Die Lychener Gewässer

Geschichte

Durch den Bau der Schleuse Himmelpfort (zwischen Stolpsee und Haussee) sind in der Mitte des 17. Jahrhunderts die Lychener Gewässer schiffbar gemacht worden. Die überwiegend natürliche Wasserstraße endet im Stadtsee von Lychen. Frachtschiffe fahren heute nur noch selten nach Lychen, dafür jedoch mehrere Fahrgastschiffe.

Fahrhinweise

Gesamtlänge der Lychener Gewässer: 8,3 km. Die Wasserstraße zweigt im Stolpsee bei km 55,0 nach Osten aus der Oberen Havel-Wasserstraße ab.
Schleusenzeiten: Schleuse Himmelpfort:
1. April bis 30. September: 7–20 Uhr;
1. Oktober bis 30. November: 8–16 Uhr.
Maximaler Tiefgang: 1,0 m.
Niedrigste Brückendurchfahrt: Brücke Himmelpfort 3,64 m.
Vom Haussee führt die Wasserstraße durch den romantisch-schönen alten Lauf der Woblitz zum Großen Lychensee. Der See ist ein Paradies für Wassersportler und verfügt über zahlreiche idyllische Ankerbuchten. An der westlichsten der drei Inseln (Fischwerder) findet man einen einfachen Anleger von einem lokalen Bootsverein.
Die Schiffbarkeit endet am östlichen Ufer des Stadtsees (Straßenbrücke).
Achtung: Nesselpfuhl, Oberpfuhl und Zenssee sind für Sportmotorboote gesperrt!

Ausflugstipps

Kloster Himmelpfort: Sehr schöne mittelalterliche Klosteranlage mit Kräutergarten; vom Anleger Himmelpfort unterhalb der Schleuse am besten zu erreichen.
Lychen ist eine ausgesprochen hübsche Kleinstadt. Sehenswert sind die Reste der mittelalterlichen Stadtbefestigung mit Mauer, Wiekhäusern, Stargarder Tor und der Ruine des Fürstenberger Tores. Die frühgotische Pfarrkirche St. Johannis stammt aus dem 13. Jahrhundert.

Wildromantisch: die Lychener Gewässer

Fahrt vor der Altstadt von Lychen (o.);
in der Marina Lychen (u.).

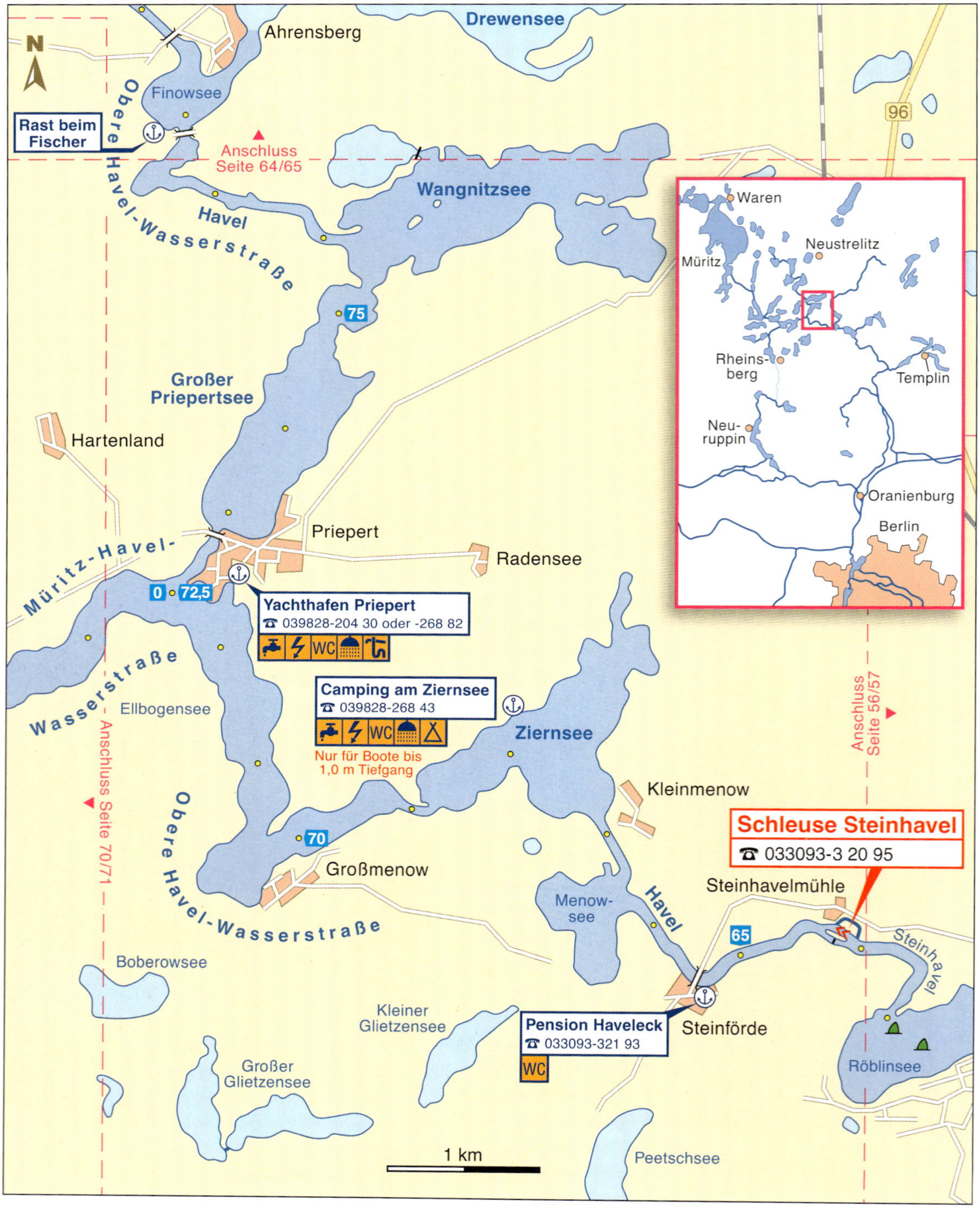
N
Drewensee
Ahrensberg
Finowsee
Rast beim Fischer
Obere Havel-Wasserstraße
Anschluss Seite 64/65
Wangnitzsee
Havel
96
Waren
Müritz
Neustrelitz
Rheinsberg
Templin
Neuruppin
Oranienburg
Berlin
75
Großer Priepertsee
Hartenland
Priepert
Radensee
Müritz-Havel-Wasserstraße
0
72,5
Yachthafen Priepert
☎ 039828-204 30 oder -268 82
WC
Ellbogensee
Camping am Ziernsee
☎ 039828-268 43
WC
Nur für Boote bis 1,0 m Tiefgang
Ziernsee
Anschluss Seite 56/57
Anschluss Seite 70/71
Kleinmenow
70
Großmenow
Schleuse Steinhavel
☎ 033093-3 20 95
Steinhavelmühle
Menowsee
Havel
65
Steinhavel
Boberowsee
Kleiner Glietzensee
Pension Haveleck
☎ 033093-321 93
WC
Steinförde
Röblinsee
Großer Glietzensee
1 km
Peetschsee

In der Marina Fürstenberg liegt die Charterflotte von Locaboat (o.); auf der Havel bei Fürstenberg (u.).

Die Havel von Priepert bis Neustrelitz

Der obere Teil der Oberen Havel-Wasserstraße zwischen Priepert und Neustrelitz wird heute nur noch selten von der Berufsschifffahrt genutzt. Da die meisten Sportbootfahrer auf dem Weg von Berlin zur Müritz bei Priepert die OHW in Richtung Westen verlassen, trifft man auf der oberen Havel relativ wenige Sportboote. Man ist hier in einer noch sehr ursprünglichen mecklenburgischen Wald- und Seenlandschaft fast allein.

Und wer es ganz einsam mag, der kann im Woblitzsee (nördlich von Wesenberg) vom Hauptfahrwasser nach Westen abbiegen und die Quassower Havel hinauffahren. Die Fahrwassertiefe auf dieser Nebenstrecke beträgt noch 0,9 m bis zur Useriner Schleuse und nimmt ab auf 0,7 m oberhalb der Schleuse. Die Eisenbahnbrücke Klein Quassow hat eine Durchfahrtshöhe von 3,46 m. Die größten Seen an dieser Strecke sind der Große Labussee und der Useriner See.

Achtung: Oberhalb der Useriner Schleuse darf das Gebiet der oberen Havel nur noch mit Sportbooten ohne Motorantrieb befahren werden. Ab Useriner See ist es möglich, mit kleineren Booten noch etwa 13 km durch eine Kette von fünf Waldseen (Zierzsee, Görtowsee, Jäthensee, Zotzensee und Pagelsee) stromauf ins Quellgebiet der Havel zu fahren. Die Befahrbarkeit endet am Wehr zwischen Pagelsee und Schulzensee.

Mit Paddelbooten und Kajaks kann man nach etwa 250 m Landtransport noch etwa 5 km weiter ins Quellgebiet der Havel fahren, und zwar bis zum Käbelicksee. Vor der Ortschaft Kratzeburg ist dann endgültig Schluss, denn dort fließt die Havel nur noch als schmaler Bach.

Das gesamte Quellgebiet der oberen Havel gehört zum Nationalpark und steht unter strengem Naturschutz.

Selbst das für Motorboote freigegebene Hauptfahrwasser von Priepert bis Neustrelitz und der seitliche Abzweig zur Useriner Schleuse vermitteln einen Eindruck von diesem einzigartigen Naturparadies.

Diese Wasserstraße ist eine der letzten Regionen in Deutschland, wo der akut vom Aussterben bedrohte Fischotter in freier Wildbahn überlebt hat. Wer in langsamer (!) Fahrt die Kanäle passiert, wird die Tiere im Uferbereich schwimmen sehen. Leider ist der Bestand des Otters inzwischen gefährdet. Die Ursachen liegen auch im stark angewachsenen Bootsverkehr und in der teilweise rücksichtslosen Fahrweise einiger Motorbootfahrer.

Erhalten Sie den Lebensraum der seltenen Tiere und beschädigen Sie nicht durch starken Wellenschlag deren Behausungen in den Uferzonen des Kanals. So tragen Sie dazu bei, dass diese schönen Seen und Kanäle auch künftig von Sportbooten befahren werden dürfen.

Die Obere Havel-Wasserstraße endet mit km 94,4 in der Stadt Neustrelitz.

Ausflugstipps

Wesenberg: Reste der Stadtbefestigung, Marienkirche aus dem 14. Jahrhundert mit kostbaren Glasmalereien.

Neustrelitz: Ehemalige preußische Residenzstadt. Schlosspark mit Gedächtnishalle für Königin Luise von Preußen, Götterallee, Orangerie und Tempel. Historischer Marktplatz mit Stadtmuseum (Tel. 03981-38 74).

Der Abzweig in Priepert – von hier führt die OHW weiter bis Neustrelitz (o.); Pension und Café „Havelbrücke" in Priepert (u.).

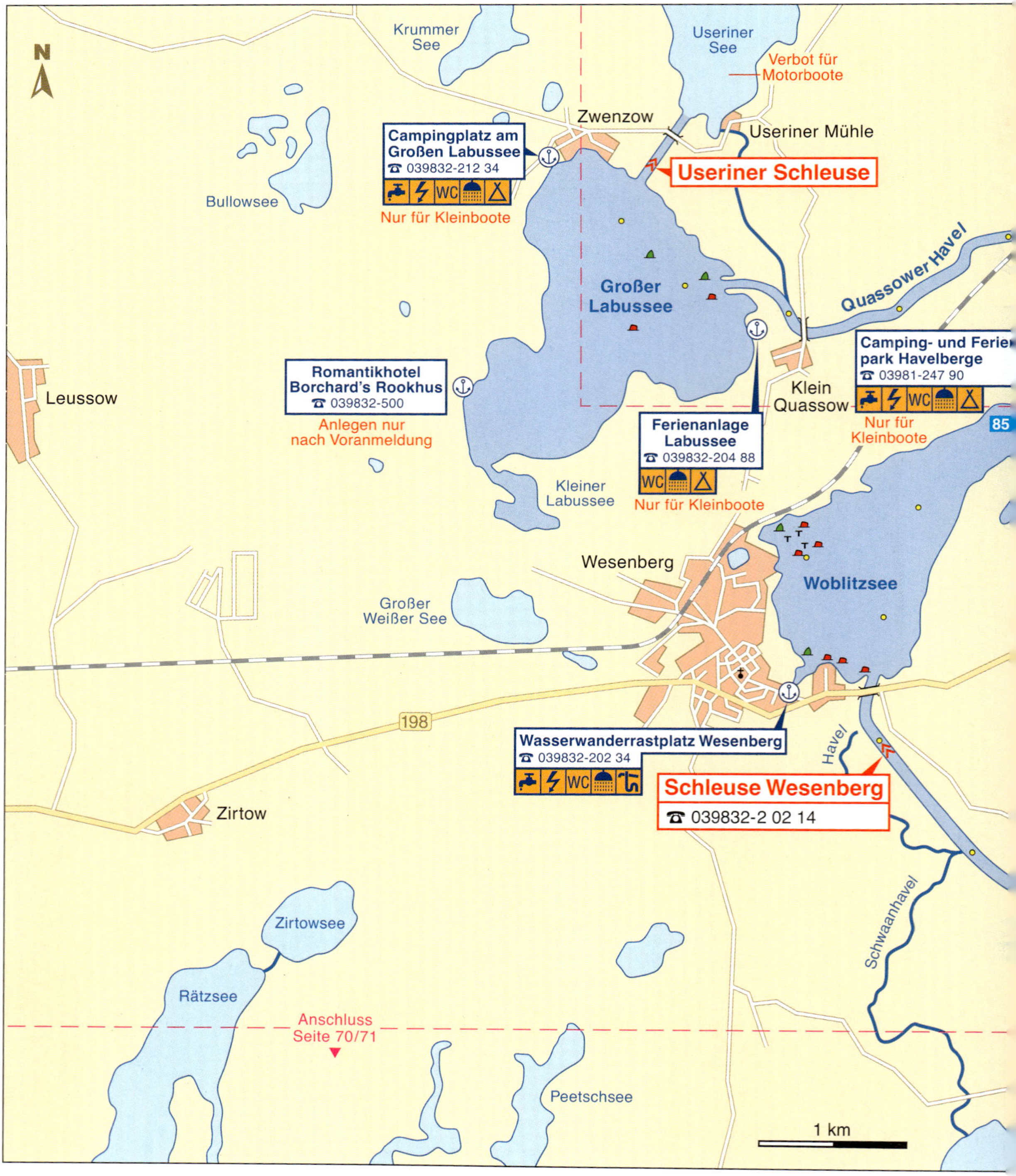
N
Krummer See
Useriner See
Verbot für Motorboote
Zwenzow
Useriner Mühle
Campingplatz am Großen Labussee
☎ 039832-212 34
WC
Nur für Kleinboote
Useriner Schleuse
Bullowsee
Quassower Havel
Großer Labussee
Camping- und Ferienpark Havelberge
☎ 03981-247 90
WC
Nur für Kleinboote
Romantikhotel Borchard's Rookhus
☎ 039832-500
Anlegen nur nach Voranmeldung
Leussow
Klein Quassow
85
Ferienanlage Labussee
☎ 039832-204 88
WC
Nur für Kleinboote
Kleiner Labussee
Wesenberg
Woblitzsee
Großer Weißer See
198
Wasserwanderrastplatz Wesenberg
☎ 039832-202 34
WC
Havel
Schleuse Wesenberg
☎ 039832-2 02 14
Zirtow
Schwaanhavel
Zirtowsee
Rätzsee
Anschluss Seite 70/71
Peetschsee
1 km

Groß Quassower Teerofen
Groß Quassow
Kammerkanal
Schleuse Voßwinkel
☎ 03981-20 05 49
Voßwinkel
Floßgraben
Groß Trebbow
Woblitzsee
Anschluss Seite 66
Below
198
Tiefer Trebbower See
Klein Trebbow
Alt Strelitz
Waren
Müritz
Neustrelitz
Rheinsberg
Templin
Neuruppin
Oranienburg
Berlin
Kleiner Keetzsee
Drewin
96
Camping am Drewensee
☎ 039832-29 50
WC
Havel
Ahrensberg
Drewensee
Anschluss Seite 60
Drewensee für Motorboote gesperrt, außer Anlieger
Finowsee
Rast beim Fischer
Düsterförde

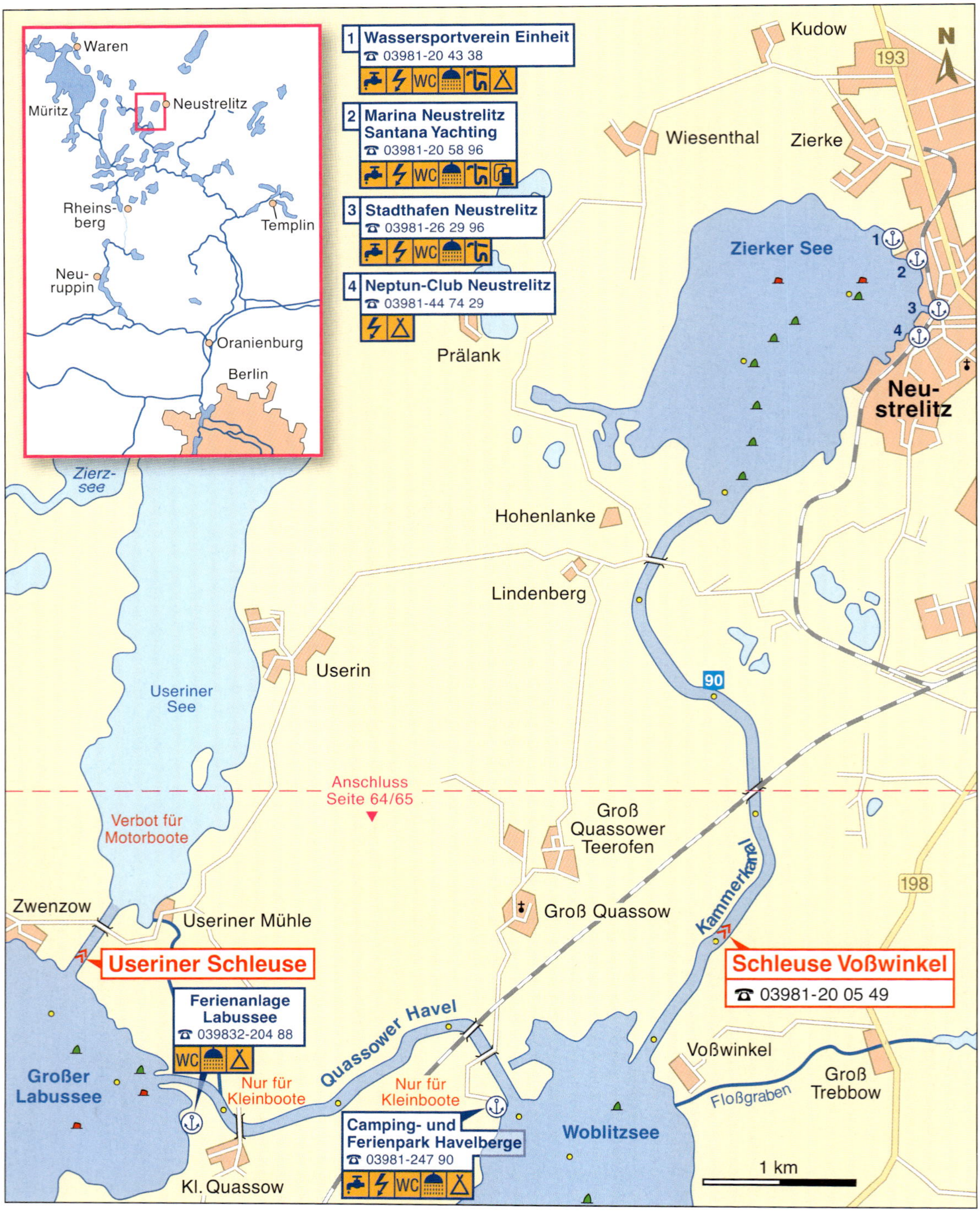
Waren
Müritz
Neustrelitz
Rheins-berg
Templin
Neu-ruppin
Oranienburg
Berlin
1 Wassersportverein Einheit
☎ 03981-20 43 38
2 Marina Neustrelitz Santana Yachting
☎ 03981-20 58 96
3 Stadthafen Neustrelitz
☎ 03981-26 29 96
4 Neptun-Club Neustrelitz
☎ 03981-44 74 29
Kudow
193
N
Wiesenthal
Zierke
Zierker See
Prälank
Neu-strelitz
Hohenlanke
Lindenberg
Zierz-see
Userin
Useriner See
90
Anschluss Seite 64/65
Verbot für Motorboote
Groß Quassower Teerofen
198
Groß Quassow
Kammerkanal
Zwenzow
Useriner Mühle
Useriner Schleuse
Schleuse Voßwinkel
☎ 03981-20 05 49
Ferienanlage Labussee
☎ 039832-204 88
Quassower Havel
Voßwinkel
Groß Trebbow
Floßgraben
Großer Labussee
Nur für Kleinboote
Nur für Kleinboote
Camping- und Ferienpark Havelberge
☎ 03981-247 90
Woblitzsee
1 km
Kl. Quassow

Obere Havel-Wasserstraße: der Woblitzsee bei Wesenberg (o.); auf dem Kammerkanal zwischen Woblitzsee und Zierker See (u.).

Die Müritz-Havel-Wasserstraße (MHW)

Von Priepert bis zur Müritz

Geschichte

Die Müritz-Havel-Wasserstraße führt durch das Kernstück der Mecklenburger Kleinseen. Dieses einzigartige Labyrinth aus etwa 300 Seen, Flüssen und Bächen ist ein Überbleibsel der letzten Eiszeit.
Diese begann vor etwa 25 000 Jahren, wobei die Gletscher vor rund 23 000 Jahren ihre südlichste Ausdehnung erreichten. Dabei erhielt die Landschaft zu etwa 80 Prozent ihre heutige Gestalt. Die Schmelzwasser flossen nach Süden in das Berliner Urstromtal sowie nach Westen zum Elbtal ab. Zurück blieben die großen Zungenseen (Müritz, Kölpinsee, Fleesensee, Plauer See und Schweriner See) sowie die kleineren Rinnenseen. Letztere sind tiefer und durch eine Vielzahl von Wasserläufen miteinander vernetzt. Sie bilden die heutigen Mecklenburger Kleinseen.
Bereits im frühen Mittelalter wurden Wasserläufe aufstaut, umleitet und reguliert. Das Kanalsystem in seiner heutigen Form entstand im wesentlichen im 17. Jahrhundert, als die Wasserstraßen ein wichtiges Verkehrsnetz in der sonst wenig erschlossenen Landschaft bildeten.
Allerdings fuhr man damals im westlichen Teil noch nicht durch den Mirower Kanal zur Müritz, denn dieser wurde erst in unserem Jahrhundert gebaut. Die ursprüngliche Schifffahrtsstraße führte von Mirow nach Norden durch eine Kette von sechs schmalen Waldseen in den Woterfitzsee, weiter in den Caarpsee und dann über den Bolter Kanal und die Schleuse Bolter Mühle in die Müritz. Nach Fertigstellung des Mirower Kanals (1936) nahm dieser den Durchgangsverkehr auf. Die Schleuse Bolter Mühle wurde zugeschüttet.
Seitdem trägt die frühere Wasserstraße von den Kleinseen über den Bolter Kanal zur Müritz den Namen Alte Fahrt.
Heute sieht man auf der Müritz-Havel-Wasserstraße nur noch selten ein Frachtschiff. Fahrgastschiffen begegnet man im Sommer hin und wieder.
Die Mecklenburger Kleinseen sind ein faszinierendes Revier für jede Art von Wassersport. Die Einmaligkeit besteht darin, dass etwa die Hälfte der 300 Seen durch natürliche Flussläufe und künstliche Stichkanäle miteinander verbunden sind. Dabei sehen sich die Ufer der dicht bewaldeten kleinen Seen mitunter zum Verwechseln ähnlich. Und manchmal erkennt man in dieser urwüchsigen Landschaft den Verbindungskanal von einem See zum anderen erst, wenn man mit seinem Boot unmittelbar davor steht.
Seit der Wiedervereinigung sind in dem einst abgelegenen Revier Tausende von Sportbooten – vom kanadischen Kajak bis zum niederländischen Plattbodenschiff – unterwegs. Einen Wassertourismus dieser Dimension hat es in der Geschichte des Mecklenburger Kleinseengebietes nie gegeben. Zum Glück hat sich dadurch der Charakter der Landschaft noch nicht spürbar verändert.
Eine nur spärlich besiedelte Wald- und Seenlandschaft, Einsamkeit, Stille und eine unmittelbare Nähe zur Natur sind noch heute typisch für die Mecklenburger Kleinseenplatte.

Fahrhinweise

Bei km 72,5 der Oberen Havel-Wasserstraße (im Ellbogensee südlich von Priepert) zweigt mit km 0,0 die Müritz-Havel-Wasserstraße in Richtung Westen ab. Sie mündet nach 31,8 km in die südliche Müritz (km 171,9 der Müritz-Elde-Wasserstraße).
Maximaler Tiefgang: 1,4 m.
Niedrigste Brückendurchfahrt: Schleusenbrücke in Strasen 3,89 m.
Die vier Schleusen in Strasen, Canow, Diemitz und Mirow überwinden einen Höhenunterschied zur Müritz von etwa 7,5 m.
Schleusenzeiten:
1. April bis 30. September: täglich 7–20 Uhr;
1. Oktober bis 30. November: täglich 8–16 Uhr.
Segelboote sollten für die Fahrt in diesen Gewässern mit einem Hilfsmotor ausgerüstet sein, da in einigen sehr schmalen Waldseen, die von hohen Bäumen abgedeckt sind, selten ein Lüftchen weht. Auf den Kanälen ist das Segeln nicht gestattet.

Abzweigende Nebengewässer

Bei km 7,4 der MHW zweigen nach Süden die Rheinsberger Gewässer ab. Sie enden nach 13,3 km in Rheinsberg.
Ein Nebengewässer der Rheinsberger Gewässer sind die Zechliner Gewässer. Sie zweigen bei km 5,4 nach Westen aus den Rheinsberger Gewässern ab und enden nach 8,2 km im Schwarzer See vor Flecken Zechlin.

Hinweise für die Alte Fahrt

Wer mit einem kleinen Sportboot unterwegs ist, muss auf dem Weg von Mirow zur Müritz nicht den Mirower Kanal benutzen, sondern kann direkt nach Norden durch die landschaftlich viel reizvollere Alte Fahrt (Bolter Kanal) die Müritz erreichen. Seitdem die Schleuse Bolter Mühle zugeschüttet wurde, ist hier nie wieder ein Berufsschiff gefahren. An der Bolter Mühle muss das Boot umgetragen werden.
Ein Slipwagen für Paddelboote ist vorhanden.
Warnung für Segler: Über die Alte Fahrt führen mehrere Stromleitungen. Es gibt vorab keine Hinweisschilder oder Tafeln, auf denen die Durchfahrtshöhe angegeben ist!
Achtung: Der nördliche Teil der Alten Fahrt gehört zum Müritz-Nationalpark; ab Granzow besteht ein Fahrverbot für Motorboote!

Ausflugstipps

Mirow: Schlossinsel mit Barockschloss (18. Jahrhundert), darin Konzertsaal, Museum und Ausstellungen. Schlosspark mit Liebesinsel und Grabstätte des letzten Herzogs von Mecklenburg-Strelitz. Auf der Schlossinsel steht auch die Johanniterkirche mit der Familiengruft der Mecklenburg-Strelitzer Herzöge.
Mirower Ritterkeller: Legen Sie vor dem Mirower Seehotel an der Schlossinsel an und genießen Sie im Ritterkeller ein mittelalterliches Ess- und Trinkgelage. Vorbestellung: Tel. 0398 33-20346 oder -20427.

Der Kleine Pälitzsee bei Kleinzerlang

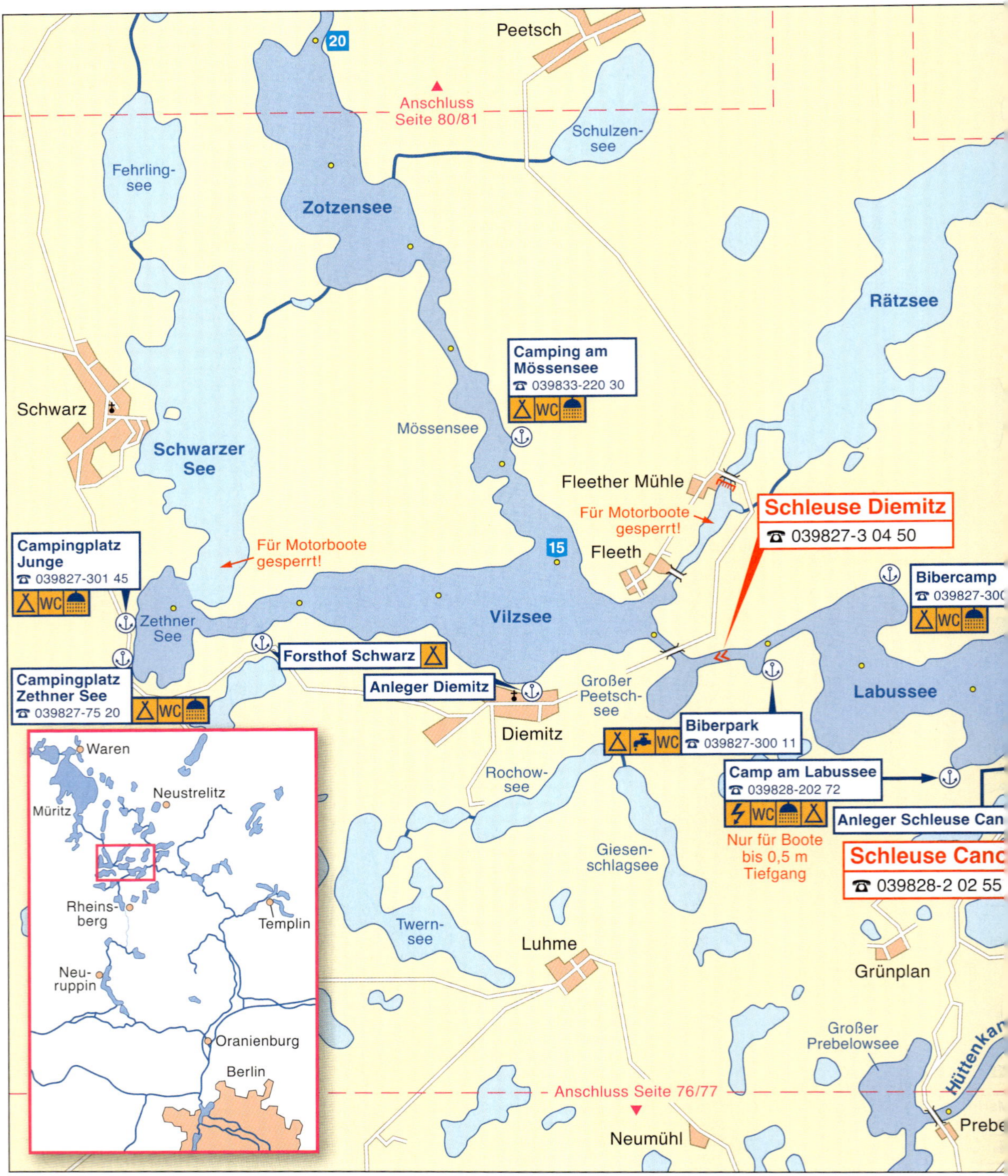

Peetsch
20
Anschluss Seite 80/81
Schulzen-see
Fehrling-see
Zotzensee
Rätzsee
Camping am Mössensee
☎ 039833-220 30
Schwarz
Schwarzer See
Mössensee
Fleether Mühle
Für Motorboote gesperrt!
Schleuse Diemitz
☎ 039827-3 04 50
Campingplatz Junge
☎ 039827-301 45
Für Motorboote gesperrt!
15
Fleeth
Bibercamp
☎ 039827-300
Zethner See
Vilzsee
Forsthof Schwarz
Campingplatz Zethner See
☎ 039827-75 20
Anleger Diemitz
Großer Peetsch-see
Labussee
Diemitz
Biberpark
☎ 039827-300 11
Rochow-see
Camp am Labussee
☎ 039828-202 72
Anleger Schleuse Can
Giesen-schlagsee
Nur für Boote bis 0,5 m Tiefgang
Schleuse Canc
☎ 039828-2 02 55
Twern-see
Luhme
Grünplan
Großer Prebelowsee
Hüttenkan
Anschluss Seite 76/77
Neumühl
Prebe
Waren
Neustrelitz
Müritz
Rheins-berg
Templin
Neu-ruppin
Oranienburg
Berlin

Krummer Wolkowsee
Peetschsee
Anschluss Seite 64/65
Drosedower Bek
Drosedow
Neu Drosedow
Anschluss Seite 60
Campingplatz am Gobenowsee
☎ 039828-203 55
WC
Seewalde
Klenzsee
Wustrow
Gobenowsee
Plätlinsee
Hartenland
Neu Canow
Für Motorboote gesperrt, außer Anlieger
Yachthafen zum Ferienpark am Ellbogensee
☎ 039828-25 91 45
Anleger Hotel zum Löwen
WC
Strasen
Müritz-Havel-Wasserstrasse
Canow
Kleiner Pälitzsee
5
Schleuse Strasen
☎ 039828-2 04 84
Canower See
Narchowsee
Anleger Kleinzerlang
Kleiner Pälitzsee
Großzerlang
Klein-
zerlang
1
Großer Pälitzsee
Pelzkuhl
Anleger Boot & Meer
Kolonie Großzerlang
Naturcamping am Großen Pälitzsee
☎ 039828-268 37
WC
Schleuse Wolfsbruch
☎ 033921-7 02 40
Nur für Boote bis 0,8 m Tiefgang
Marina Wolfsbruch
033921-87
WC
1 km
N

Die Rheinsberger Gewässer

Geschichte

Die Rheinsberger Gewässer wurden erst relativ spät an das Wasserstraßensystem Mecklenburgs angeschlossen. Allein um Floßholz transportieren zu können, verband man 1878 die Seen um Rheinsberg durch Stichkanäle mit dem Kleinen Pälitzsee (Müritz-Havel-Wasserstraße). Den Höhenunterschied von knapp einem halben Meter reguliert die einzige Schleuse in Wolfsbruch. Ein nennenswertes Aufkommen an Binnenschifffahrt hat es nie gegeben. Heute verkehren auf diesen Wasserstraßen nur Sportboote und Fahrgastschiffe.

Fahrhinweise

Die Rheinsberger Gewässer zweigen bei km 7,4 (Kleiner Pälitzsee) der Müritz-Havel-Wasserstraße nach Süden ab.
Entfernung vom Kleinen Pälitzsee bis Rheinsberg: 13,3 km.
Maximaler Tiefgang: 1,4 m.
Niedrigste Brückendurchfahrt: 3,63 m.
Schleusenbetriebszeiten: Schleuse Wolfsbruch:
1. April bis 30. September: täglich 7–20 Uhr;
1. Oktober bis 30. November: täglich 8–16 Uhr.

Abzweigendes Nebengewässer

Bei km 5,4 der Rheinsberger Gewässer zweigen die Zechliner Gewässer nach Westen ab und enden nach 8,2 km im Schwarzer See vor Flecken Zechlin.
Maximaler Tiefgang: 1,0 m.
Niedrigste Brückendurchfahrt in den Zechliner Gewässern: 3,45 m.

Hinweis für Paddelbootfahrer

Im Süden des Grienericksees, unmittelbar neben Schloss Rheinsberg, fließt der Rheinsberger Rhin nach Süden ab und mündet nach etwa 16 km zwischen Lindow und Neuruppin in die Ruppiner Gewässer. Trainierte Wassersportler können den Fluss im Paddelboot befahren. Die Boote müssen jedoch an Wehren und natürlichen Hindernissen umgetragen werden.

Ausflugstipps

Marina Wolfsbruch: Im Jahr 2000 wurde unterhalb der Schleuse Wolfsbruch die Marina Wolfsbruch gebaut. Sie gilt als eines der schönsten Hafendörfer der Mecklenburger Seenplatte, obwohl sie genau genommen schon in Brandenburg liegt.
Hafendorf Rheinsberg: In den Jahren 2004–2007 wurde im Südosten des Rheinsberger Sees das Hafendorf Rheinsberg gebaut. In der architektonisch sehr schönen Lagunenstadt kann man seinen Traum vom Wohnen am Wasser verwirklichen.
Schloss Rheinsberg: Die 1335 gegründete Stadt Rheinsberg liegt am Grienericksee und nicht – wie oft falsch behauptet – am Rheinsberger See (der liegt weiter nördlich). Dennoch hat der Rheinsberger See eine sehr enge Beziehung zu der Stadt, die ihm den Namen verlieh. Auf der in diesem See liegenden Remusinsel hatten nämlich die Rheinsberger eine Fluchtburg errichtet, in die sie sich in Kriegszeiten zurückzogen. Letztmalig war das 1675, als die Schweden die Stadt bis auf die Grundmauern niederbrannten.

Die Schleuse Wolfsbruch

Nach einem weiteren Großbrand (1740) erhielt der Architekt Georg Wenzeslaus von Knobelsdorff den Auftrag, aus dem unbedeutenden Ort eine mit aller Pracht ausgestattete Residenzstadt für König Friedrich II. zu bauen.
Knobelsdorff legte einen geometrischen Stadtplan an und ließ Straße um Straße die typischen Ein- und Doppelstubenhäuser in friderizianischer Bauordung errichten. Die Krone seines Schaffens war jedoch das Schloss.
An der Stelle einer früheren Wasserburg schuf er die Residenz für König Friedrich II. im Stile des Rokoko, dazu einen weiträumigen Schlosspark nach französischem Vorbild.
Beim Schlossbau und der Gestaltung der Innenräume wirkten so namhafte Künstler wie der französische Maler Pesne oder der deutsche Barockbildhauer Glume mit.
In Rheinsberg erreichte Knobelsdorff eine meisterhafte Harmonie zwischen Architektur, Parkgestaltung und umgebender Natur. 1744 schenkte Friedrich II. das Schloss seinem Bruder Heinrich.
Während der DDR-Zeit wurde das Schloss erhalten und diente als Diabetiker-Sanatorium. Heute beherbergt es ein Museum und dient als Austragungsort von Konzerten und anderen kulturellen Veranstaltungen.

Marina Wolfsbruch – das erste Hafendorf der Seenplatte: die Hotelanlage (o.); ein Leuchtturm weist den Weg in das neue Hafendorf Rheinsberg (u.).

Schloss Rheinsberg (o.);
die Gaststätte „Fischerhütte" in Flecken Zechlin (u.).

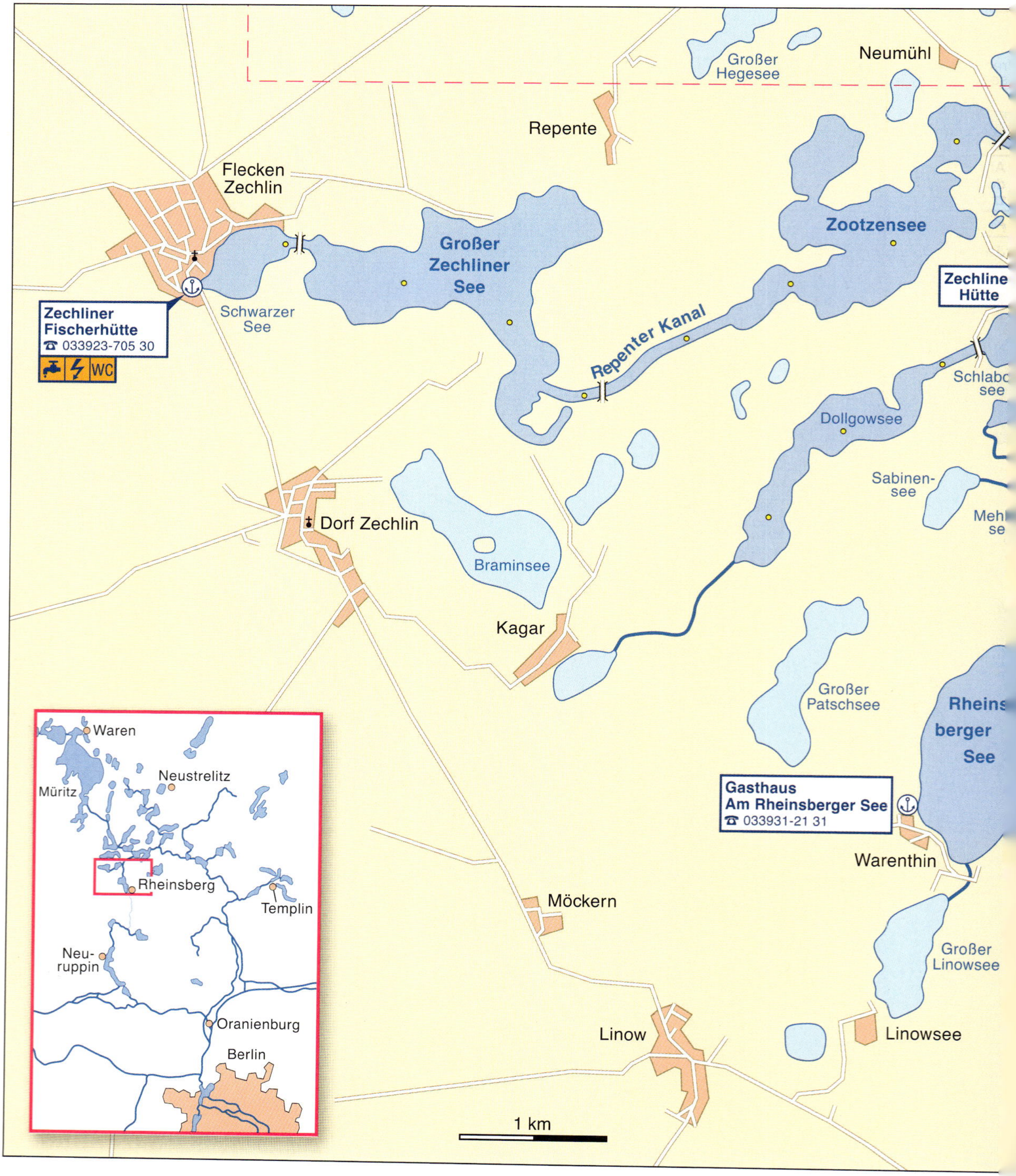
Großer Hegesee
Neumühl
Repente
Flecken Zechlin
Großer Zechliner See
Zootzensee
Zechliner Fischerhütte
☎ 033923-705 30
WC
Schwarzer See
Repenter Kanal
Zechline Hütte
Schlabo see
Dollgowsee
Sabinen-see
Mehl se
Dorf Zechlin
Braminsee
Kagar
Großer Patschsee
Rheins berger See
Gasthaus Am Rheinsberger See
☎ 033931-21 31
Warenthin
Möckern
Großer Linowsee
Linow
Linowsee
1 km
Waren
Müritz
Neustrelitz
Rheinsberg
Templin
Neu-ruppin
Oranienburg
Berlin

Prebelow
rebelow-see
Anschluss Seite 70/71
Großer Pälitzsee
N
5
Tietzowsee
Anleger Feriendorf Tietzowsee
☎ 033921-702 28
WC
Jagowkanal
Zechliner Hütte
Kamper See
Großer Krukowsee
Bikowsee
Wittwien
Schlaborn
Nehmitzsee
10
Hohenelse
Wittwesee
Hafendorf Rheinsberg
☎ 033931-80 54 5
WC
Paulshorst
Rheinsberg
Kölpinsee
Sellenwalde
Grienericksee
Marina Rheinsberg
☎ 033931-38 61 9
WC
Zeutensee
Großer Tietzensee

Vilzsee – Schwarzer See – Mirow

Das Hauptfahrwasser der Müritz-Havel-Wasserstraße führt direkt vom Vilzsee nach Norden und über den Mössensee und Zotzensee nach Mirow.
Wer auf seiner Mecklenburg-Reise genügend Zeit hat, sollte sich einen seitlichen Abstecher in Richtung Westen zum Mirower Adlersee, Zethner und Schwarzer See gönnen (siehe Karte S. 70). Wegen der großen Wasserflächen ist dies ein beliebtes Revier für Segelsportler. Im Zethner See bestehen unterhalb des Campingplatzes günstige Ankerplätze sowie mehrere kleine Bootsstege. Die schmale Durchfahrt vom Zethner See zum Schwarzer See ist nicht ganz einfach, da sie versandet und verkrautet. Während man bei hohem Wasserstand noch mit Booten bis knapp 1 m Tiefgang hindurchkommt, muss man bei Niedrigwasser damit rechnen, dass man auf etwa 0,5 m Tiefe steckenbleibt.

Achtung: Der Schwarzer See ist für Sportboote mit Motor gesperrt!
Südlich der Ortschaft Schwarz gibt es eine kleine Steganlage für Sportboote. Wer in den Ort will, sollte nördlich der vorgelagerten Insel am Steg neben der Badeanstalt festmachen. Von dort ist es nicht weit bis zur Kaufhalle und zur Gaststätte.
Die verwilderte Durchfahrt vom Schwarzer See zum Fehrlingsee ist mit kleinen Booten passierbar. Der Kanal ist etwa 0,9 m tief; die Fußgängerbrücke hat eine Durchfahrtshöhe von 3,2 m. Es muss aber damit gerechnet werden, dass umgestürzte Bäume über dem Kanal liegen. Die beiden früheren Durchfahrten vom Schwarzer See zum Zotzensee sind inzwischen so weit verlandet, dass sie selbst mit Paddelbooten nicht mehr befahrbar sind.

Anleger in Schwarz am Schwarzer See

Am Zethner See südlich von Mirow (o.);
Liegeplätze im Schlossgraben in Mirow (u.).

N
Kleine Müritz
Dalben
Vipperow
Rechlin
Vietzen
198
Gaarzer
Mühle
Friedrichshof
30
Sumpfsee
Müritz-Elde-Wasserstraße
Müritzarm
Melz
Priborn
175
Neu Gaarz
Alt
Gaarz
Im
Langen
Ort
Müritzsee
Thüren
Yachthafen Buchholz
WC
Buchholz
180
Tralowsee
Rönnbergsee
Krümmel
Nebelsee
Sewekowsee
Sewekow
1 km

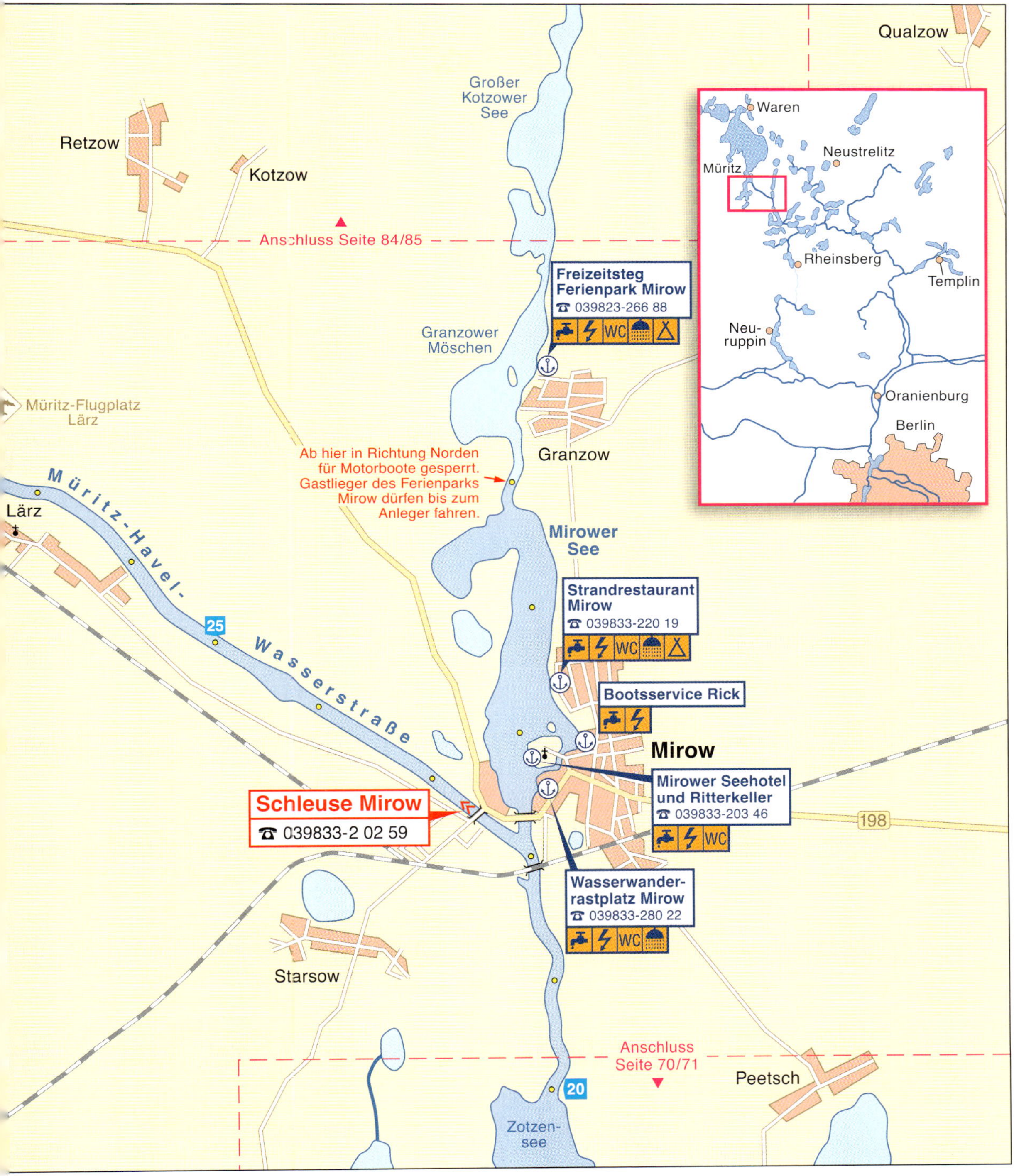
Qualzow
Großer Kotzower See
Retzow
Kotzow
Waren
Neustrelitz
Müritz
Rheinsberg
Templin
Neu-ruppin
Oranienburg
Berlin
Anschluss Seite 84/85
Freizeitsteg Ferienpark Mirow
☎ 039823-266 88
WC
Granzower Möschen
Müritz-Flugplatz Lärz
Granzow
Ab hier in Richtung Norden für Motorboote gesperrt. Gastlieger des Ferienparks Mirow dürfen bis zum Anleger fahren.
Müritz-Havel-Wasserstraße
Lärz
Mirower See
25
Strandrestaurant Mirow
☎ 039833-220 19
WC
Bootsservice Rick
Mirow
Mirower Seehotel und Ritterkeller
☎ 039833-203 46
WC
198
Schleuse Mirow
☎ 039833-2 02 59
Wasserwander-rastplatz Mirow
☎ 039833-280 22
WC
Starsow
Anschluss Seite 70/71
Peetsch
20
Zotzen-see

Die Müritz

Die Müritz-Havel-Wasserstraße führt von Südosten in die Kleine Müritz und endet dort mit km 31,8.
Dieser Punkt ist identisch mit dem km 171,9 der Müritz-Elde-Wasserstraße, die durch die Müritz und dann weiter nach Westen bis Dömitz führt und dort in die Elbe mündet.
Mit einer Fläche von rund 117 km² ist die Müritz der größte See Deutschlands. Sie liegt 61,91 Meter über dem Meeresspiegel und bildet den Scheitelpunkt eines weitläufigen Wasserstraßensystems, das in Richtung Westen zur Elbe und nach Süden zur Havel abfließt.
Die Müritz bildet nicht nur das Herzstück dieses seit Generationen bestehenden Kanalsystems, sondern ist heute zugleich das Zentrum des Wassersports in Mecklenburg-Vorpommern. Nach der Wiedervereinigung entstanden in allen Orten rund um die Müritz neue und komfortabel ausgestattete Bootshäfen (alle Häfen und Infos dazu siehe Karte!).

Sperrgebiete

Teile des Ostufers der Müritz gehören zum Müritz-Nationalpark und dürfen von Sportbooten nicht befahren werden (gelbe Tonnen mit Sperrzeichen rot-weiß-rot). Den Müritz-Nationalpark können Sie ab Waren zu Fuß, per Fahrrad oder Pferdekutsche erkunden. Infos dazu über Waren/Müritz-Information, Tel. 03991-66 61 83.
Ein weiteres, deutlich kleineres Sperrgebiet liegt östlich der Einfahrt in den Röbeler Binnensee. Die Vogelschutzinsel Großer Schwerin darf nicht betreten werden.

Ausflugstipps

Rechlin: Luftfahrttechnisches Museum mit Exponaten zur Geschichte der Luftwaffe und der Erprobung von Flugkörpern (Tel. 039823-20 424). Rundflüge ab Flughafen Lärz (Nähe Rechlin), Tel. 039833-22 282.
Röbel: Historische Altstadt mit Fachwerkhäusern, Nikolaikirche und Marienkirche (13. Jahrhundert). Vom 58 m hohen Turm der Marienkirche hat man einen eindrucksvollen Blick über weite Teile der Müritz.
Klink: Schloss Klink, heute Hotel mit Gourmet-Restaurant und Rittersaal, Orangerie und modernem Wellness-Bereich.
Waren: Sehr schöner Stadthafen mit vielen Restaurants und Kneipen. Daneben schließt sich die malerische Altstadt an. Müritz-Museum mit Süßwasser-Aquarium und Ausstellungen zur Flora und Fauna der Region (Tel. 03991-66 76 00). Stadtgeschichtliches Museum im Rathaus, Tel. 03991-17 71 37.

Marina Müritz am Südostufer der Müritz

Steganlage des Segelvereins Rechlin (o.);
Ferienanlage Yachthafen Rechlin (u.).

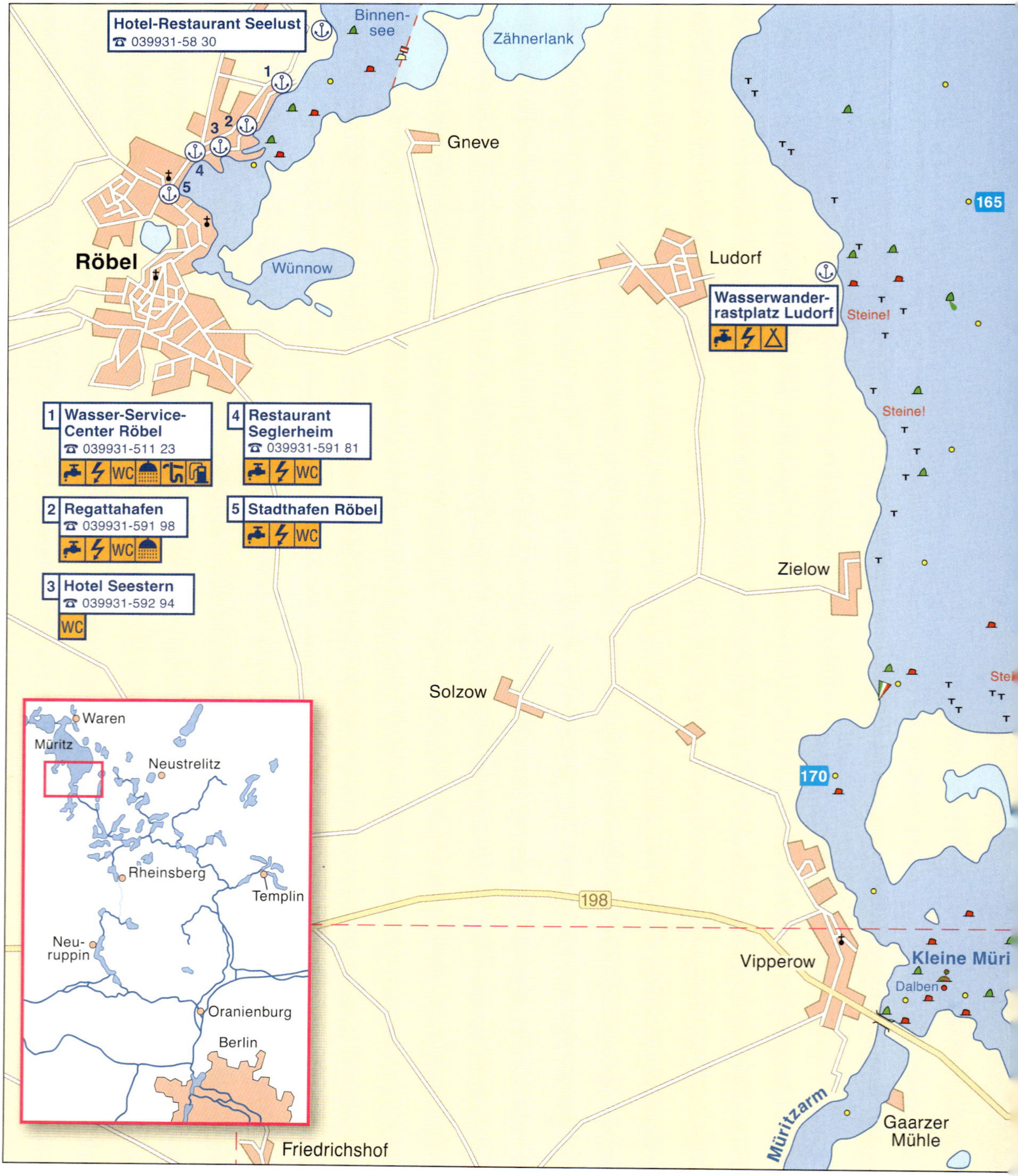
Hotel-Restaurant Seelust
☎ 039931-58 30
Binnen-
see
Zähnerlank
Gneve
Röbel
Wünnow
Ludorf
Wasserwander-
rastplatz Ludorf
Steine!
165
1
Wasser-Service-
Center Röbel
☎ 039931-511 23
WC
4
Restaurant
Seglerheim
☎ 039931-591 81
WC
2
Regattahafen
☎ 039931-591 98
WC
5
Stadthafen Röbel
WC
3
Hotel Seestern
☎ 039931-592 94
WC
Zielow
Solzow
170
Waren
Müritz
Neustrelitz
Rheinsberg
Templin
Neu-
ruppin
Oranienburg
Berlin
198
Vipperow
Kleine Müri
Dalben
Müritzarm
Gaarzer
Mühle
Friedrichshof

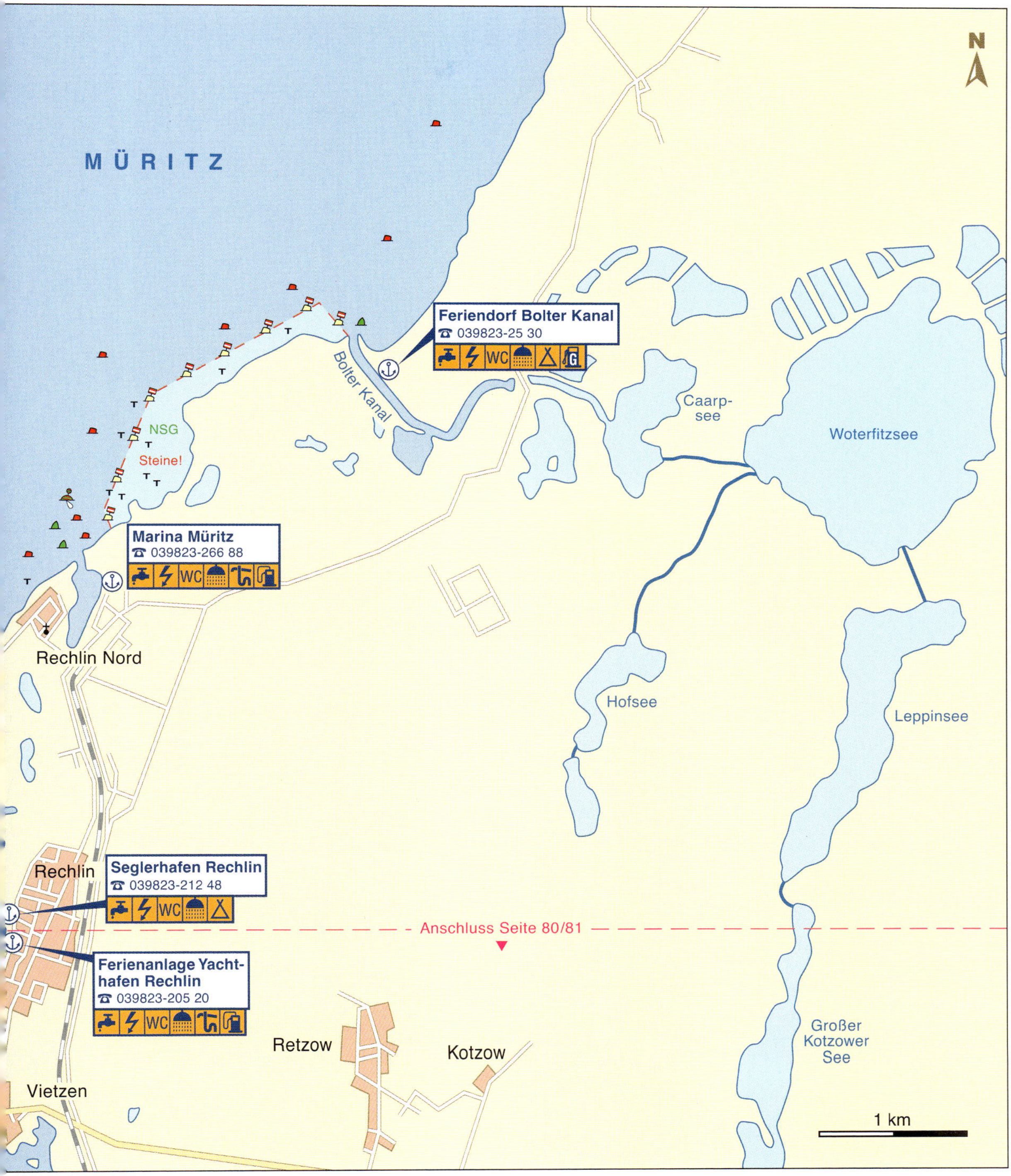
MÜRITZ
Feriendorf Bolter Kanal
☎ 039823-25 30
Bolter Kanal
NSG
Steine!
Marina Müritz
☎ 039823-266 88
Caarp-
see
Woterfitzsee
Rechlin Nord
Hofsee
Leppinsee
Rechlin
Seglerhafen Rechlin
☎ 039823-212 48
Anschluss Seite 80/81
Ferienanlage Yacht-
hafen Rechlin
☎ 039823-205 20
Großer
Kotzower
See
Retzow
Kotzow
Vietzen
1 km
N

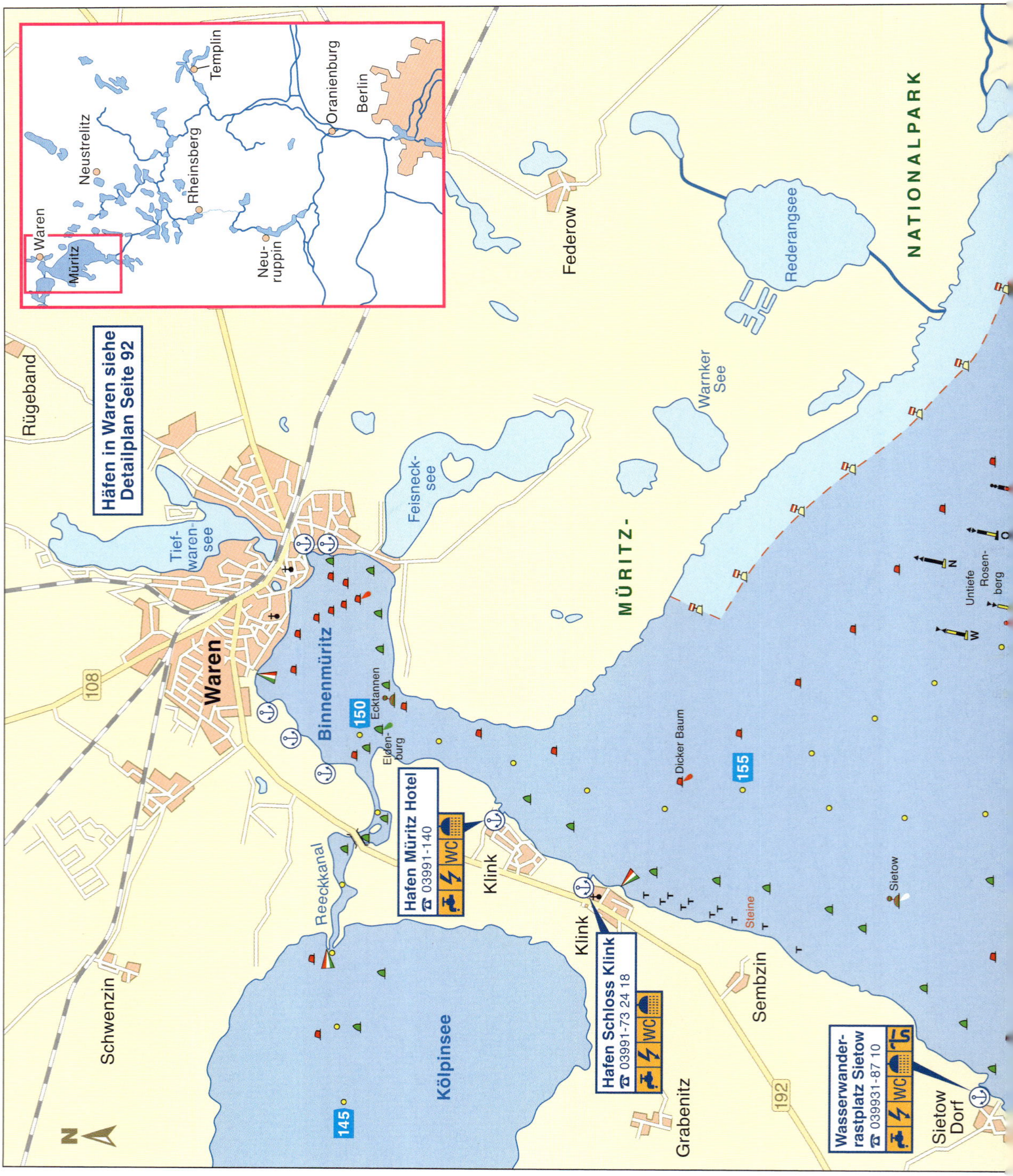
Häfen in Waren siehe
Detailplan Seite 92
Waren
Müritz
Neustrelitz
Rheinsberg
Templin
Oranienburg
Berlin
Neu-
ruppin
Rügeband
Federow
Rederangsee
NATIONALPARK
MÜRITZ-
Warnker
See
Feisneck-
see
Tief-
waren-
see
Waren
108
Binnenmüritz
150
Ecktannen
Eldenburg
Dicker Baum
155
Untiefe
Rosenberg
Hafen Müritz Hotel
☎ 03991-140
Klink
Klink
Hafen Schloss Klink
☎ 03991-73 24 18
Reeckkanal
Schwenzin
Kölpinsee
145
Grabenitz
Sembzin
192
Steine
Sietow
Wasserwander-
rastplatz Sietow
☎ 039931-87 10
Sietow
Dorf
N

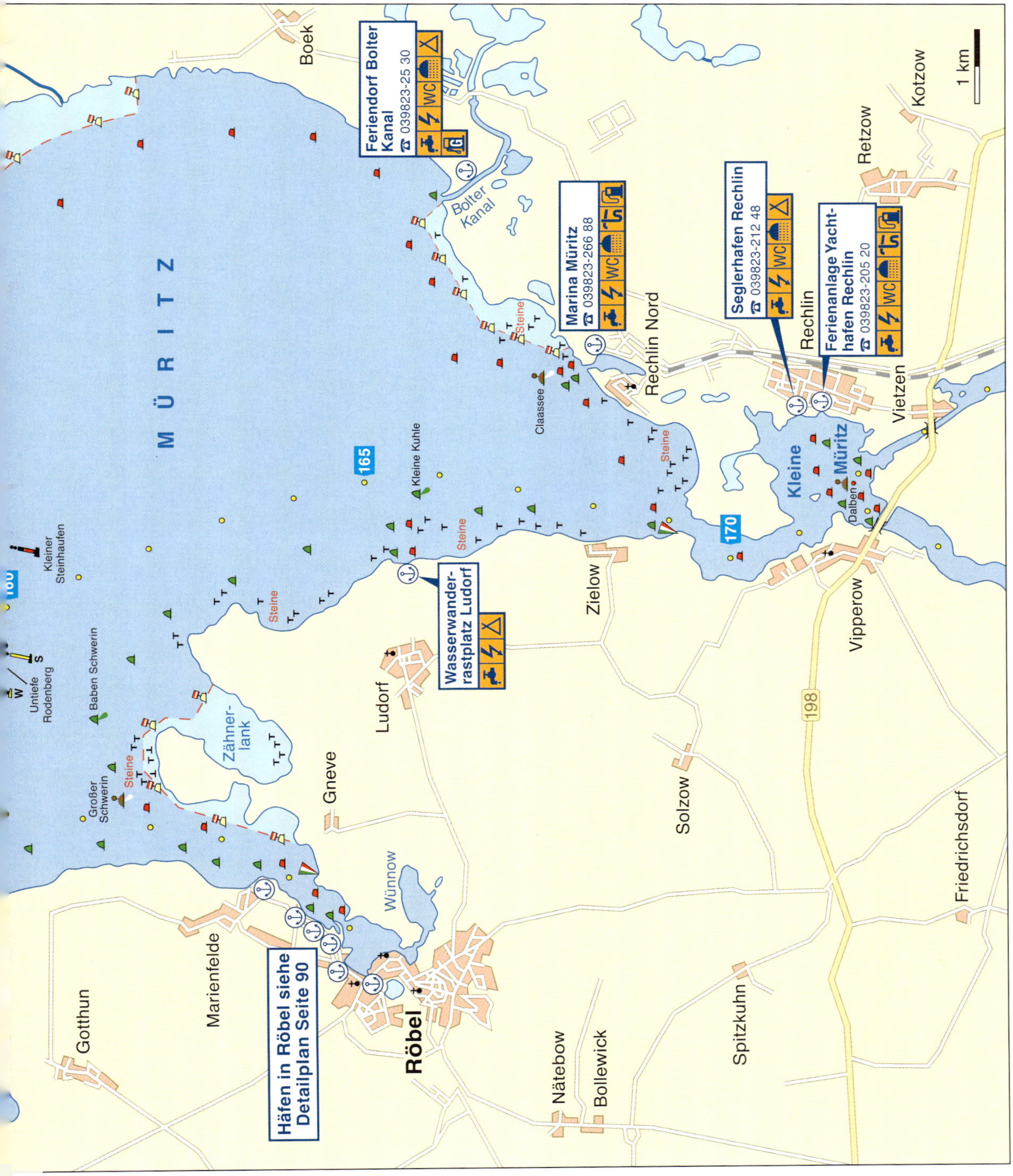
M Ü R I T Z
Kleine Müritz
Feriendorf Bolter Kanal
☎ 039823-25 30
Marina Müritz
☎ 039823-266 88
Seglerhafen Rechlin
☎ 039823-212 48
Ferienanlage Yacht-hafen Rechlin
☎ 039823-205 20
Wasserwander-rastplatz Ludorf
Häfen in Röbel siehe Detailplan Seite 90
Bolter Kanal
Zähner-lank
Wünnow
Claassee
Kleine Kuhle
Großer Schwerin
Baben Schwerin
Untiefe Rodenberg
Kleiner Steinhaufen
Steine
Dalben
165
170
198
Boek
Rechlin Nord
Rechlin
Retzow
Kotzow
Vietzen
Vipperow
Zielow
Ludorf
Gneve
Solzow
Friedrichsdorf
Spitzkuhn
Röbel
Marienfelde
Gotthun
Nätebow
Bollewick
1 km

Müritz: Einfahrt in den Bolter Kanal (o.); dort werden die führerscheinfreien Hausboote vom Typ „Voyager“ verchartert (u.).

Die Müritz-Marina in Sietow-Dorf an der Müritz (o.);
Hausboot vom Typ „Kormoran“ vor den typischen Bootshäusern in Röbel (u.).

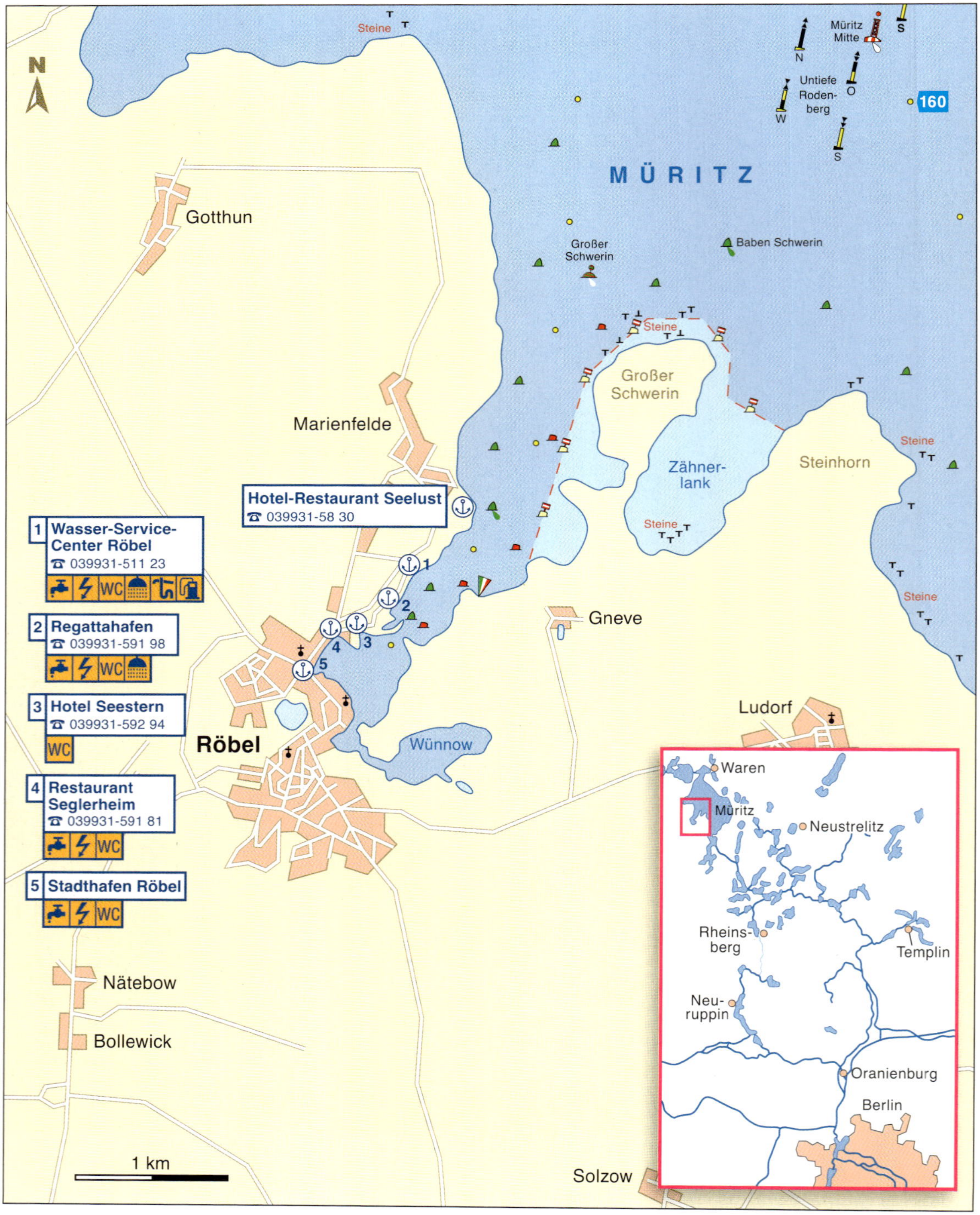
N
Steine
Müritz Mitte
Untiefe Roden-berg
160
MÜRITZ
Gotthun
Großer Schwerin
Baben Schwerin
Steine
Großer Schwerin
Zähner-lank
Steinhorn
Steine
Steine
Steine
Marienfelde
Hotel-Restaurant Seelust
☎ 039931-58 30
1 Wasser-Service-Center Röbel
☎ 039931-511 23
WC
2 Regattahafen
☎ 039931-591 98
WC
3 Hotel Seestern
☎ 039931-592 94
WC
4 Restaurant Seglerheim
☎ 039931-591 81
WC
5 Stadthafen Röbel
WC
Gneve
Röbel
Wünnow
Ludorf
Nätebow
Bollewick
1 km
Solzow
Waren
Müritz
Neustrelitz
Rheinsberg
Templin
Neuruppin
Oranienburg
Berlin

Wasser-Service-Center in Röbel (o.);
Blick vom Turm der Marienkirche in Röbel auf den Binnensee (u.).

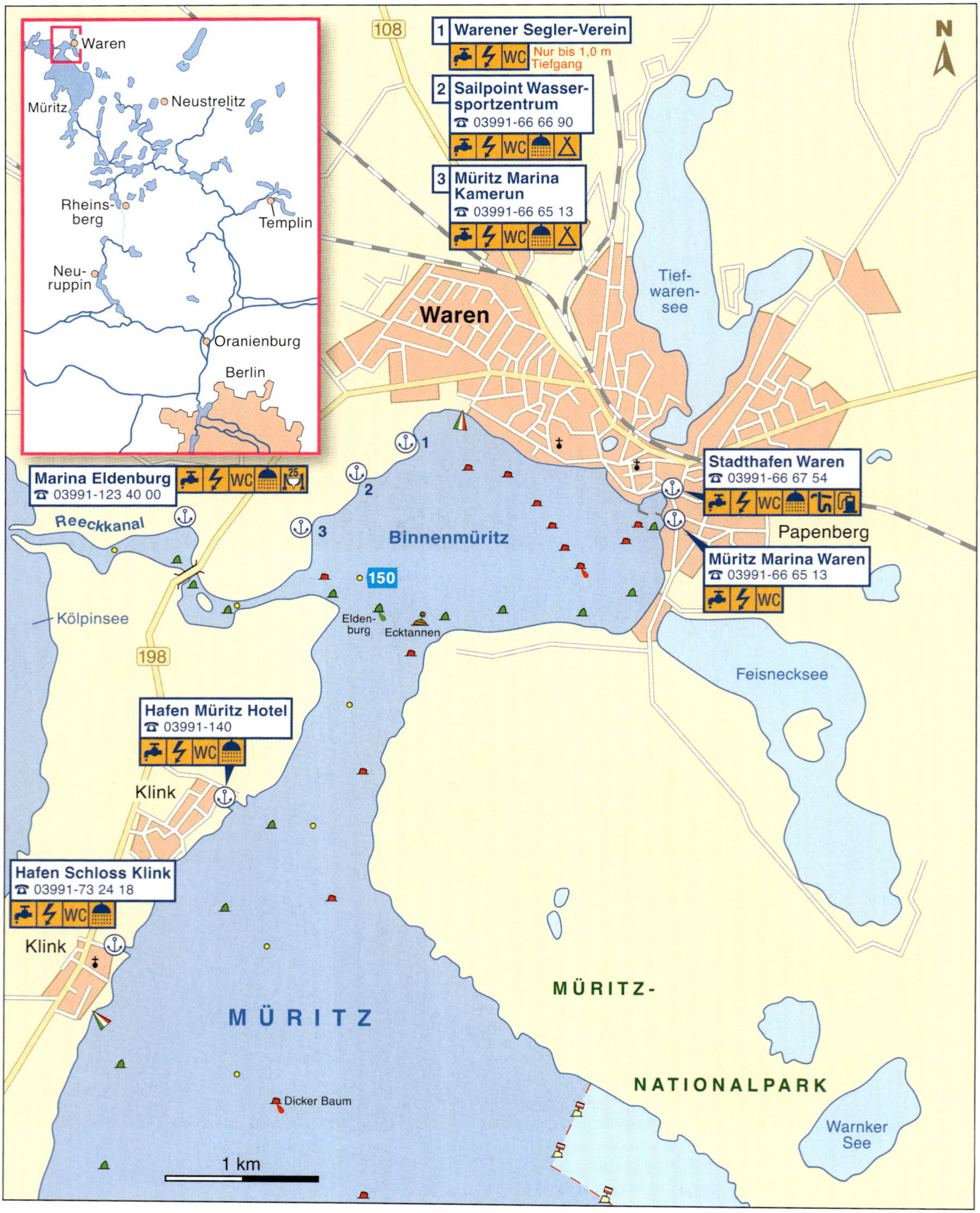
Waren
Müritz
Neustrelitz
Rheinsberg
Templin
Neuruppin
Oranienburg
Berlin
108
1 Warener Segler-Verein
WC
Nur bis 1,0 m Tiefgang
2 Sailpoint Wassersportzentrum
☎ 03991-66 66 90
WC
3 Müritz Marina Kamerun
☎ 03991-66 65 13
WC
N
Tief-waren-see
Waren
Marina Eldenburg
☎ 03991-123 40 00
WC
Reeckkanal
Binnenmüritz
150
Stadthafen Waren
☎ 03991-66 67 54
WC
Papenberg
Müritz Marina Waren
☎ 03991-66 65 13
WC
Kölpinsee
Elden-burg
Ecktannen
198
Feisnecksee
Hafen Müritz Hotel
☎ 03991-140
WC
Klink
Hafen Schloss Klink
☎ 03991-73 24 18
WC
Klink
MÜRITZ
MÜRITZ-NATIONALPARK
Dicker Baum
Warnker See
1 km

Stadthafen Waren – die malerische Altstadt ist nur wenige Schritte entfernt (o.); Sail Point Wassersportzentrum in Waren-Kamerun (u.).

Register